Vegan Lezzetler 2023

Sağlıklı ve Lezzetli Yemek Tarifleri

Deniz Aksoy

İçindekiler

Yeşil biber ve kabak ile ızgara kuşkonmaz 11

Kolay Izgara Kabak ve Kırmızı Soğan 13

Basit ızgara tahıllar ve Portobello 14

Izgara marine edilmiş patlıcan ve kabak 15

Izgara biber ve brokoli 16

Izgara Karnabahar ve Brüksel Lahanası 17

Izgara mısır ve krimini mantarı 18

Izgara patlıcan, kabak ve mısır 20

Izgara kabak ve ananas 21

Izgara portobello ve kuşkonmaz 22

Izgara sebzeler için kolay tarif 23

Izgara Japon Patlıcan ve Shiitake Mantarı 24

Izgara Japon patlıcan ve brokoli 25

Izgara Karnabahar ve Brüksel Lahanası 26

Balzamik Sır ile Izgara Japon ve Karnabahar Tarifi 27

Izgara sebzeler için kolay tarif 28

Közlenmiş Patlıcan ve Yeşil Biber 29

Elma sirkesi soslu ızgara portobello kuşkonmaz ve yeşil fasulye . 30

Izgara fasulye ve portobello mantarları 32

Brüksel lahanası ve yeşil fasulye 33

Çiftlik sosunda kabak ve soğan 34
Balzamik vinaigrette ızgara yeşil fasulye ve ananas 35
Izgara brokoli ve patlıcan 37
Izgara brokoli ve yeşil biber 38
Izgara kabak ve havuç 39
Elma sirkesi sosunda ızgara portobello mantarları 40
Brüksel lahanası ile ızgara havuç 41
Izgara yaban havucu ve kabak tarifi 42
Oryantal vinaigrette ızgara şalgam 43
Balzamik sır ile ızgara havuç, şalgam ve portobello 44
Izgara kabak ve mango 45
Izgara bebek mısır ve yeşil fasulye 46
Izgara enginar kalbi ve Brüksel lahanası 47
Izgara Biber Brokoli ve Ballı Elma Sırlı Brüksel Lahanası 48
Brokoli Çiçeği Tarifi ile Izgara Karışık Biber 49
Közlenmiş patlıcan, çeşitli biberli kabak 51
Izgara portobello ve kırmızı soğan 52
Izgara mısır ve kırmızı soğan 53
Izgara Brüksel Lahanası Karnabahar ve Kuşkonmaz 54
Izgara kabak patlıcan Portobello ve kuşkonmaz 55
Izgara Yeşil Biber, Brokoli ve Kuşkonmaz Tarifi 56
Izgara portobello mantarı ve kabak 57
Izgara kuşkonmaz ananas ve yeşil fasulye 58
Izgara yeşil fasulye ve patlıcan 59

Izgara kuşkonmaz ve brokoli.. 60
Izgara Karnabahar ve Brüksel Lahanası.. 61
Izgara brokoli ve brokoli çiçeği.. 62
Izgara kabak kırmızı soğan brokoli çiçeği ve kuşkonmaz 63
Izgara yeşil fasulye kuşkonmaz brokoli çiçeği ve ananas................ 66
Izgara edamame fasulye 67
Izgara bamya, kabak ve kırmızı soğan 68
Izgara yaban havucu ve kabak 69
Izgara yaban havucu ve bamya 70
Izgara brokoli yaban havucu bamya ve kuşkonmaz........................... 71
Izgara şalgam ve biber 72
Izgara karnabahar ve brokoli 73
Izgara pancar ve ananas 74
Izgara yaban havucu ve kabak 75
Izgara pancar, kırmızı soğan ve yaban havucu 76
Izgara havuç, yaban havucu ve brokoli 77
Izgara kuşkonmaz ve brokoli çiçeği 78
Izgara karnabahar ve bebek mısır 79
Izgara enginar kalbi ve brokoli çiçeği.. 80
Izgara bebek havuç ve patlıcan 81
Izgara bebek havuç ve kabak 82
Izgara mısır, bebek mısır ve kuşkonmaz... 83
Izgara bebek havuç ve enginar kalbi 84
Izgara yeşil ananas fasulyesi ve enginar kalbi 85

Izgara brokoli ve bebek havuç 87
Kolay ızgara bebek mısır ve karnabahar çiçeği 88
Izgara bebek havuç ve biber 89
Izgara bebek mısır, enginar kalbi ve patlıcan 90
Izgara bebek havuç ve kırmızı soğan 91
Izgara Brokoli Kuşkonmaz ve Portobello Mantarı 92
Izgara enginar kalbi 93
Izgara bebek havuç ve mantar 94
Izgara enginar kalbi ve kuşkonmaz 95
ızgara kabak 96
Balzamik sır ile ızgara patlıcan 97
Izgara marul ve domates 98
Izgara kabak ve biber 100
Izgara patlıcan ve kırmızı soğan 102
Izgara kuşkonmaz filizi brokoli çiçeği 104
Ballı elma sirkesi sosunda ızgara kabak 106
Izgara kabak enginar kalbi ve kırmızı soğan 108
Izgara kabak ve brokoli çiçeği 110
Kızarmış köri karnabahar 113
Körili nohut 115
kahverengi mercimek ile köri 117
Kale Domates Pesto Salatası 119
Yavaş Pişmiş Lacivert Fasulye Çorbası 120
Vegan tofu sarma 122

Chipotle ile vegan burrito kasesi 124
Kolay Vegan Siyah Fasulye Biber 127
Hint Kırmızı Mercimek Domates Tava 129
Levanten Nohut ve Bezelye Salatası 132
Havuç Kakule Çorbası 134
Karnabahar Basmati Pirinç Pilavı 136
Vegan lahana salatası baskı tarifi 138
Avokado Kremalı Makarna 140
Vegan Quorn Salatası 142
Vegan Makarna ve Peynir 143
Meksika melek saç şehriye çorbası 145
vejeteryan pizza 147
Çilek ve Kale Narenciye Salatası 149
Tofu kızartması 150
ıspanak tavası 152
kızarmış su teresi 154
Kızarmış lahana 156
Çin lahanası tavada kızartma 158
Choy sum tavada kızartma 160
Brokoli Tavada Kızartma 161
Vegan dolgulu pizza 163
Vegan Alfredo Sos 164
Avokado Salatalı Sandviç 166
Vegan fajitalar 167

Tereyağlı Marul ve Domates Salatası 169
Frisee Badem Salatası 171
Romaine Marul ve Kaju Salatası 173
Iceberg marul ve fıstık salatası 175
Frisee ve cevizli salata 176
Tereyağlı Marul ve Ceviz Salatası 177
Çeri domatesli ve bademli marullu marul 178
Bibb Salata Domates ve cevizli salata 179
Boston Marul Domates Badem Salatası 180
Kök Marul Salatalık Badem Salatası 181
Çeri domatesli sap salatası ve macadamia fıstığı salatası 182
Tereyağlı marul çeri domates ve kaju marul 184
Romaine marul, çeri domates ve macadamia fıstığı salatası 185
Iceberg Marul Elma ve Ceviz Salatası 186
Marul domates ve badem salatası 188
Frisee kirazları ve macadamia fıstığı salatası 190
Romaine Üzüm ve Ceviz Salatası 192
Kiraz domatesli tereyağlı salata ve Tay fesleğen salatası 193
Marul Nane ve Kaju Salatası 195
Domates ve Fıstık Salatası 196
Tereyağlı Marul Portakallı Badem Salatası 197
Kolay Marul Domates Badem Salatası 198
Romaine Marul Domates ve Fındık Salatası 199
Frisee Salatası Soğan ve tarhun salatası 200

Frisee Domates Badem Tarhun Salatası 201

Frisee domates ve fındık salatası 202

Frisee ve kabak salatası 203

Romaine Marul ve Fındık Salatası 204

Iceberg marul domates ve badem salatası 205

Frisee ve beyaz peynir salatası 206

Frisee ve beyaz peynir salatası 208

Fesleğen salatası ve vegan peynir 209

Romaine Marul ve Fıstık Salatası 210

Macadamia Fındık Yağı Vinaigrette Frisee Salatası Domates ve Soğan 211

Romaine marul domates ve antep fıstığı 212

Izgara Karnabahar Domates Salatası 213

Izgara lahana ve yeşil fasulye salatası 215

Izgara Fasulye ve Karnabahar Salatası 217

Yeşil biber ve kabak ile ızgara kuşkonmaz

Marine için malzemeler

1/4 su bardağı sızma zeytinyağı

2 yemek kaşığı bal

4 çay kaşığı balzamik sirke

1 çay kaşığı kurutulmuş kekik

1 çay kaşığı sarımsak tozu

1/8 çay kaşığı gökkuşağı karabiber

Deniz tuzu

sebze içerikleri

1 pound taze kuşkonmaz, kesilmiş

3 küçük havuç, uzunlamasına ikiye bölünmüş

1 inçlik şeritler halinde kesilmiş 1 büyük tatlı yeşil biber

1 orta boy sarı yaz kabağı, 1/2-inç dilimler halinde kesin

1 orta boy sarı soğan, dilimlenmiş

Marine malzemelerini birleştirin.

3 yemek kaşığı turşuyu ve sebzeleri bir torbada birleştirin.

Oda sıcaklığında 1 1/2 saat veya buzdolabında gece boyunca marine edin.

Sebzeleri orta-yüksek ateşte 8-12 dakika veya yumuşayana kadar ızgara yapın.

Marinanın geri kalanını üstüne serpin.

Kolay Izgara Kabak ve Kırmızı Soğan

İçindekiler

2 büyük kabak, uzunlamasına ½ inçlik dilimler halinde kesin

2 büyük kırmızı soğan, ½ inç halkalar halinde kesin, ancak ayrı halkalara ayrılmayın

2 YEMEK KAŞIĞI. Sızma zeytinyağı

2 YEMEK KAŞIĞI. Ranch pansuman karışımı

Sebzelerin her iki tarafını hafifçe zeytinyağı ile fırçalayın.

Ranch sos karışımı ile tatlandırın

Orta ateşte 4 dakika veya yumuşayana kadar ızgara yapın.

Basit ızgara tahıllar ve Portobello

İçindekiler

2 büyük mısır koçanı, uzunlamasına dilimlenmiş

5 parça Portobello, durulanmış ve süzülmüş

Marine için malzemeler:

6 yemek kaşığı Sızma zeytinyağı

tatmak için deniz tuzu

3 yemek kaşığı. damıtılmış beyaz sirke

1 çay kaşığı Dijon hardalı

Sebzeleri sos veya marine malzemeleriyle 15 ila 30 dakika marine edin.

Orta ateşte 4 dakika veya sebzeler yumuşayana kadar ızgara yapın.

Izgara marine edilmiş patlıcan ve kabak

İçindekiler

2 büyük patlıcan, uzunlamasına dilimlenmiş ve ikiye bölünmüş

2 büyük kabak, uzunlamasına kesilmiş ve ikiye bölünmüş

Marine için malzemeler:

6 yemek kaşığı Sızma zeytinyağı

tatmak için deniz tuzu

3 yemek kaşığı. damıtılmış beyaz sirke

1 çay kaşığı Dijon hardalı

Sebzeleri sos veya marine malzemeleriyle 15 ila 30 dakika marine edin.

Orta ateşte 4 dakika veya sebzeler yumuşayana kadar ızgara yapın.

Izgara biber ve brokoli

İçindekiler

2 yeşil biber, yarıya

10 brokoli çiçeği

Marine için malzemeler:

6 yemek kaşığı Sızma zeytinyağı

tatmak için deniz tuzu

3 yemek kaşığı. damıtılmış beyaz sirke

1 çay kaşığı Dijon hardalı

Sebzeleri sos veya marine malzemeleriyle 15 ila 30 dakika marine edin.

Orta ateşte 4 dakika veya sebzeler yumuşayana kadar ızgara yapın.

Izgara Karnabahar ve Brüksel Lahanası

İçindekiler

10 karnabahar çiçeği

10 adet brüksel lahanası

Marine için malzemeler:

6 yemek kaşığı Sızma zeytinyağı

tatmak için deniz tuzu

3 yemek kaşığı. damıtılmış beyaz sirke

1 çay kaşığı Dijon hardalı

Sebzeleri sos veya marine malzemeleriyle 15 ila 30 dakika marine edin.

Orta ateşte 4 dakika veya sebzeler yumuşayana kadar ızgara yapın.

Izgara mısır ve krimini mantarı

İçindekiler

2 mısır, uzunlamasına kesilmiş

10 krimini mantarı, durulanmış ve süzülmüş

Marine için malzemeler:

6 yemek kaşığı Sızma zeytinyağı

tatmak için deniz tuzu

3 yemek kaşığı. damıtılmış beyaz sirke

1 çay kaşığı Dijon hardalı

Sebzeleri sos veya marine malzemeleriyle 15 ila 30 dakika marine edin.

Orta ateşte 4 dakika veya sebzeler yumuşayana kadar ızgara yapın.

Izgara patlıcan, kabak ve mısır

İçindekiler

2 büyük patlıcan, uzunlamasına dilimlenmiş ve ikiye bölünmüş

2 büyük kabak, uzunlamasına kesilmiş ve ikiye bölünmüş

2 mısır, uzunlamasına kesilmiş

Marine için malzemeler:

6 yemek kaşığı Sızma zeytinyağı

tatmak için deniz tuzu

3 yemek kaşığı. damıtılmış beyaz sirke

1 çay kaşığı Dijon hardalı

Sebzeleri sos veya marine malzemeleriyle 15 ila 30 dakika marine edin.

Orta ateşte 4 dakika veya sebzeler yumuşayana kadar ızgara yapın.

Izgara kabak ve ananas

İçindekiler

2 büyük kabak, uzunlamasına ½ inçlik dilimler halinde kesin

2 büyük kırmızı soğan, ½ inç halkalar halinde kesin, ancak ayrı halkalara ayrılmayın

1 orta boy ananas, 1/2 inç dilimler halinde kesin

10 yeşil fasulye

Marine için malzemeler:

6 yemek kaşığı Sızma zeytinyağı

tatmak için deniz tuzu

3 yemek kaşığı. damıtılmış beyaz sirke

1 çay kaşığı Dijon hardalı

Sebzeleri sos veya marine malzemeleriyle 15 ila 30 dakika marine edin.

Orta ateşte 4 dakika veya sebzeler yumuşayana kadar ızgara yapın.

Izgara portobello ve kuşkonmaz

İçindekiler

3 parça Portobello, durulanmış ve süzülmüş

2 patlıcan, uzunlamasına kesilmiş ve ikiye bölünmüş

2 kabak, uzunlamasına kesin ve ikiye bölün

6 adet kuşkonmaz

Marine için malzemeler:

6 yemek kaşığı Sızma zeytinyağı

tatmak için deniz tuzu

3 yemek kaşığı. damıtılmış beyaz sirke

1 çay kaşığı Dijon hardalı

Sebzeleri sos veya marine malzemeleriyle 15 ila 30 dakika marine edin.

Orta ateşte 4 dakika veya sebzeler yumuşayana kadar ızgara yapın.

Izgara sebzeler için kolay tarif

İçindekiler

3 parça Portobello, durulanmış ve süzülmüş

2 patlıcan, uzunlamasına kesilmiş ve ikiye bölünmüş

2 kabak, uzunlamasına kesin ve ikiye bölün

6 adet kuşkonmaz

pansuman malzemeleri

6 yemek kaşığı Sızma zeytinyağı

tatmak için deniz tuzu

3 yemek kaşığı. Elma sirkesi

1 YEMEK KAŞIĞI. Bal

1 çay kaşığı Yumurtasız mayonez

Sebzeleri sos veya marine malzemeleriyle 15 ila 30 dakika marine edin.

Orta ateşte 4 dakika veya sebzeler yumuşayana kadar ızgara yapın.

Izgara Japon Patlıcan ve Shiitake Mantarı

İçindekiler

Uzunlamasına kesilmiş mısırlar

2 adet Japon patlıcanı, uzunlamasına kesilmiş ve ikiye bölünmüş

Shitake mantarı, durulanmış ve süzülmüş

pansuman malzemeleri

6 yemek kaşığı zeytin yağı

tatmak için deniz tuzu

3 yemek kaşığı. beyaz şarap sirkesi

1 çay kaşığı Yumurtasız mayonez

Sebzeleri sos veya marine malzemeleriyle 15 ila 30 dakika marine edin.

Orta ateşte 4 dakika veya sebzeler yumuşayana kadar ızgara yapın.

Izgara Japon patlıcan ve brokoli

İçindekiler

2 yeşil biber, yarıya

10 brokoli çiçeği

2 adet Japon patlıcanı, uzunlamasına kesilmiş ve ikiye bölünmüş

pansuman malzemeleri

6 yemek kaşığı Susam yağı

tatmak için deniz tuzu

3 yemek kaşığı. damıtılmış beyaz sirke

1 çay kaşığı Yumurtasız mayonez

Sebzeleri sos veya marine malzemeleriyle 15 ila 30 dakika marine edin.

Orta ateşte 4 dakika veya sebzeler yumuşayana kadar ızgara yapın.

Izgara Karnabahar ve Brüksel Lahanası

İçindekiler

10 karnabahar çiçeği

10 adet brüksel lahanası

pansuman malzemeleri

6 yemek kaşığı Susam yağı

tatmak için deniz tuzu

3 yemek kaşığı. damıtılmış beyaz sirke

1 çay kaşığı Yumurtasız mayonez

Sebzeleri sos veya marine malzemeleriyle 15 ila 30 dakika marine edin.

Orta ateşte 4 dakika veya sebzeler yumuşayana kadar ızgara yapın.

Balzamik Sır ile Izgara Japon ve Karnabahar Tarifi

İçindekiler

2 yeşil biber, uzunlamasına ikiye bölünmüş

10 karnabahar çiçeği

2 adet Japon patlıcanı, uzunlamasına kesilmiş ve ikiye bölünmüş

pansuman malzemeleri

6 yemek kaşığı Sızma zeytinyağı

tatmak için deniz tuzu

3 yemek kaşığı. balzamik sirke

1 çay kaşığı Dijon hardalı

Sebzeleri sos veya marine malzemeleriyle 15 ila 30 dakika marine edin.

Orta ateşte 4 dakika veya sebzeler yumuşayana kadar ızgara yapın.

Izgara sebzeler için kolay tarif

İçindekiler

2 büyük patlıcan, uzunlamasına dilimlenmiş ve ikiye bölünmüş

1 büyük kabak, uzunlamasına kesilmiş ve ikiye bölünmüş

5 brokoli çiçeği

Marine için malzemeler:

6 yemek kaşığı Sızma zeytinyağı

tatmak için deniz tuzu

3 yemek kaşığı. damıtılmış beyaz sirke

1 çay kaşığı Dijon hardalı

Sebzeleri sos veya marine malzemeleriyle 15 ila 30 dakika marine edin.

Orta ateşte 4 dakika veya sebzeler yumuşayana kadar ızgara yapın.

Közlenmiş Patlıcan ve Yeşil Biber

İçindekiler

2 yeşil biber, yarıya

10 brokoli çiçeği

2 patlıcan, uzunlamasına kesilmiş ve ikiye bölünmüş

pansuman malzemeleri

6 yemek kaşığı zeytin yağı

tatmak için deniz tuzu

3 yemek kaşığı. beyaz şarap sirkesi

1 çay kaşığı İngiliz hardalı

Sebzeleri sos veya marine malzemeleriyle 15 ila 30 dakika marine edin.

Orta ateşte 4 dakika veya sebzeler yumuşayana kadar ızgara yapın.

Elma sirkesi soslu ızgara portobello kuşkonmaz ve yeşil fasulye

İçindekiler

3 parça Portobello, durulanmış ve süzülmüş

2 patlıcan, uzunlamasına kesilmiş ve ikiye bölünmüş

2 kabak, uzunlamasına kesin ve ikiye bölün

6 adet kuşkonmaz

1 orta boy ananas, 1/2 inç dilimler halinde kesin

10 yeşil fasulye

pansuman malzemeleri

6 yemek kaşığı Sızma zeytinyağı

tatmak için deniz tuzu

3 yemek kaşığı. Elma sirkesi

1 YEMEK KAŞIĞI. Bal

1 çay kaşığı Yumurtasız mayonez

Sebzeleri sos veya marine malzemeleriyle 15 ila 30 dakika marine edin.

Orta ateşte 4 dakika veya sebzeler yumuşayana kadar ızgara yapın.

Izgara fasulye ve portobello mantarları

İçindekiler

Uzunlamasına kesilmiş mısırlar

5 portobello mantarı, durulanmış ve süzülmüş

10 yeşil fasulye

pansuman malzemeleri

6 yemek kaşığı zeytin yağı

tatmak için deniz tuzu

3 yemek kaşığı. beyaz şarap sirkesi

1 çay kaşığı Yumurtasız mayonez

Sebzeleri sos veya marine malzemeleriyle 15 ila 30 dakika marine edin.

Orta ateşte 4 dakika veya sebzeler yumuşayana kadar ızgara yapın.

Brüksel lahanası ve yeşil fasulye

İçindekiler

10 karnabahar çiçeği

10 adet brüksel lahanası

10 yeşil fasulye

pansuman malzemeleri

6 yemek kaşığı zeytin yağı

tatmak için deniz tuzu

3 yemek kaşığı. beyaz şarap sirkesi

1 çay kaşığı Yumurtasız mayonez

Sebzeleri sos veya marine malzemeleriyle 15 ila 30 dakika marine edin.

Orta ateşte 4 dakika veya sebzeler yumuşayana kadar ızgara yapın.

Çiftlik sosunda kabak ve soğan

İçindekiler

2 büyük kabak, uzunlamasına ½ inçlik dilimler halinde kesin

2 büyük kırmızı soğan, ½ inç halkalar halinde kesin, ancak ayrı halkalara ayrılmayın

2 YEMEK KAŞIĞI. Sızma zeytinyağı

2 YEMEK KAŞIĞI. Ranch pansuman karışımı

Sebzeleri sos veya marine malzemeleriyle 15 ila 30 dakika marine edin.

Orta ateşte 4 dakika veya sebzeler yumuşayana kadar ızgara yapın.

Balzamik vinaigrette ızgara yeşil fasulye ve ananas

İçindekiler

1 orta boy ananas, 1/2 inç dilimler halinde kesin

10 yeşil fasulye

pansuman malzemeleri

6 yemek kaşığı Sızma zeytinyağı

tatmak için deniz tuzu

3 yemek kaşığı. balzamik sirke

1 çay kaşığı Dijon hardalı

Sebzeleri sos veya marine malzemeleriyle 15 ila 30 dakika marine edin.

Orta ateşte 4 dakika veya sebzeler yumuşayana kadar ızgara yapın.

Izgara brokoli ve patlıcan

İçindekiler

1 büyük patlıcan, uzunlamasına kesilmiş ve ikiye bölünmüş

1 büyük kabak, uzunlamasına kesilmiş ve ikiye bölünmüş

10 yeşil fasulye

10 brokoli çiçeği

Marine için malzemeler:

6 yemek kaşığı Sızma zeytinyağı

tatmak için deniz tuzu

3 yemek kaşığı. damıtılmış beyaz sirke

1 çay kaşığı Dijon hardalı

Sebzeleri sos veya marine malzemeleriyle 15 ila 30 dakika marine edin.

Orta ateşte 4 dakika veya sebzeler yumuşayana kadar ızgara yapın.

Izgara brokoli ve yeşil biber

İçindekiler

2 yeşil biber, yarıya

8 brokoli çiçeği

pansuman malzemeleri

6 yemek kaşığı Susam yağı

tatmak için deniz tuzu

3 yemek kaşığı. damıtılmış beyaz sirke

1 çay kaşığı Yumurtasız mayonez

Sebzeleri sos veya marine malzemeleriyle 15 ila 30 dakika marine edin.

Orta ateşte 4 dakika veya sebzeler yumuşayana kadar ızgara yapın.

Izgara kabak ve havuç

İçindekiler

2 büyük kabak, uzunlamasına ½ inçlik dilimler halinde kesin

1 büyük kırmızı soğan, ½ inç halkalar halinde kesin, ancak ayrı halkalara ayırmayın

1 büyük havuç, soyulmuş ve uzunlamasına kesilmiş

pansuman malzemeleri

6 yemek kaşığı zeytin yağı

tatmak için deniz tuzu

3 yemek kaşığı. beyaz şarap sirkesi

1 çay kaşığı İngiliz hardalı

Sebzeleri sos veya marine malzemeleriyle 15 ila 30 dakika marine edin.

Orta ateşte 4 dakika veya sebzeler yumuşayana kadar ızgara yapın.

Elma sirkesi sosunda ızgara portobello mantarları

İçindekiler

Uzunlamasına kesilmiş mısırlar

5 portobello mantarı, durulanmış ve süzülmüş

pansuman malzemeleri

6 yemek kaşığı Sızma zeytinyağı

tatmak için deniz tuzu

3 yemek kaşığı. Elma sirkesi

1 YEMEK KAŞIĞI. Bal

1 çay kaşığı Yumurtasız mayonez

Sebzeleri sos veya marine malzemeleriyle 15 ila 30 dakika marine edin.

Orta ateşte 4 dakika veya sebzeler yumuşayana kadar ızgara yapın.

Brüksel lahanası ile ızgara havuç

İçindekiler

10 karnabahar çiçeği

10 adet brüksel lahanası

1 büyük havuç, soyulmuş ve uzunlamasına kesilmiş

pansuman malzemeleri

6 yemek kaşığı zeytin yağı

tatmak için deniz tuzu

3 yemek kaşığı. beyaz şarap sirkesi

1 çay kaşığı Yumurtasız mayonez

Sebzeleri sos veya marine malzemeleriyle 15 ila 30 dakika marine edin.

Orta ateşte 4 dakika veya sebzeler yumuşayana kadar ızgara yapın.

Izgara yaban havucu ve kabak tarifi

İçindekiler

1 büyük yaban havucu, soyulmuş ve uzunlamasına dilimlenmiş

1 büyük kabak, uzunlamasına ½ inçlik dilimler halinde kesin

2 büyük kırmızı soğan, ½ inç halkalar halinde kesin, ancak ayrı halkalara ayrılmayın

Marine için malzemeler:

6 yemek kaşığı Sızma zeytinyağı

tatmak için deniz tuzu

3 yemek kaşığı. damıtılmış beyaz sirke

1 çay kaşığı Dijon hardalı

Sebzeleri sos veya marine malzemeleriyle 15 ila 30 dakika marine edin.

Orta ateşte 4 dakika veya sebzeler yumuşayana kadar ızgara yapın.

Oryantal vinaigrette ızgara şalgam

İçindekiler

1 büyük şalgam, soyulmuş ve uzunlamasına kesilmiş

2 yeşil biber, yarıya

10 brokoli çiçeği

pansuman malzemeleri

6 yemek kaşığı Susam yağı

tatmak için deniz tuzu

3 yemek kaşığı. damıtılmış beyaz sirke

1 çay kaşığı Yumurtasız mayonez

Sebzeleri sos veya marine malzemeleriyle 15 ila 30 dakika marine edin.

Orta ateşte 4 dakika veya sebzeler yumuşayana kadar ızgara yapın.

Balzamik sır ile ızgara havuç, şalgam ve portobello

İçindekiler

1 büyük havuç, soyulmuş ve uzunlamasına kesilmiş

1 büyük şalgam, soyulmuş ve uzunlamasına kesilmiş

1 mısır, uzunlamasına kesilmiş

2 portobello mantarı, durulanmış ve süzülmüş

pansuman malzemeleri

6 yemek kaşığı Sızma zeytinyağı

tatmak için deniz tuzu

3 yemek kaşığı. balzamik sirke

1 çay kaşığı Dijon hardalı

Sebzeleri sos veya marine malzemeleriyle 15 ila 30 dakika marine edin.

Orta ateşte 4 dakika veya sebzeler yumuşayana kadar ızgara yapın.

Izgara kabak ve mango

İçindekiler

2 büyük kabak, uzunlamasına kesilmiş ve ikiye bölünmüş

2 büyük mango, uzunlamasına kesilmiş ve çekirdekleri çıkarılmış

pansuman malzemeleri

6 yemek kaşığı Susam yağı

tatmak için deniz tuzu

3 yemek kaşığı. damıtılmış beyaz sirke

1 çay kaşığı Yumurtasız mayonez

Sebzeleri sos veya marine malzemeleriyle 15 ila 30 dakika marine edin.

Orta ateşte 4 dakika veya sebzeler yumuşayana kadar ızgara yapın.

Mangoyu kahverengi ızgara izleri görene kadar ızgara yapın.

Izgara bebek mısır ve yeşil fasulye

İçindekiler

½ fincan bebek mısır

1 orta boy ananas, 1/2 inç dilimler halinde kesin

10 yeşil fasulye

2 büyük kırmızı soğan, ½ inç halkalar halinde kesin, ancak ayrı halkalara ayrılmayın

pansuman malzemeleri

6 yemek kaşığı zeytin yağı

tatmak için deniz tuzu

3 yemek kaşığı. beyaz şarap sirkesi

1 çay kaşığı İngiliz hardalı

Sebzeleri sos veya marine malzemeleriyle 15 ila 30 dakika marine edin.

Orta ateşte 4 dakika veya sebzeler yumuşayana kadar ızgara yapın.

Izgara enginar kalbi ve Brüksel lahanası

İçindekiler

½ su bardağı konserve enginar kalbi

5 brokoli çiçeği

10 adet brüksel lahanası

pansuman malzemeleri

6 yemek kaşığı zeytin yağı

tatmak için deniz tuzu

3 yemek kaşığı. beyaz şarap sirkesi

1 çay kaşığı Yumurtasız mayonez

Sebzeleri sos veya marine malzemeleriyle 15 ila 30 dakika marine edin.

Orta ateşte 4 dakika veya sebzeler yumuşayana kadar ızgara yapın.

Izgara Biber Brokoli ve Ballı Elma Sırlı Brüksel Lahanası

İçindekiler

10 brokoli çiçeği

½ su bardağı konserve enginar kalbi

10 filiz

pansuman malzemeleri

6 yemek kaşığı Sızma zeytinyağı

tatmak için deniz tuzu

3 yemek kaşığı. Elma sirkesi

1 YEMEK KAŞIĞI. Bal

1 çay kaşığı Yumurtasız mayonez

Sebzeleri sos veya marine malzemeleriyle 15 ila 30 dakika marine edin.

Orta ateşte 4 dakika veya sebzeler yumuşayana kadar ızgara yapın.

Brokoli Çiçeği Tarifi ile Izgara Karışık Biber

İçindekiler

1 yeşil biber, yarıya

1 sarı dolmalık biber, ikiye bölünmüş

1 kırmızı dolmalık biber, ikiye bölünmüş

10 brokoli çiçeği

Marine için malzemeler:

6 yemek kaşığı Sızma zeytinyağı

tatmak için deniz tuzu

3 yemek kaşığı. damıtılmış beyaz sirke

1 çay kaşığı Dijon hardalı

Sebzeleri sos veya marine malzemeleriyle 15 ila 30 dakika marine edin.

Orta ateşte 4 dakika veya sebzeler yumuşayana kadar ızgara yapın.

Közlenmiş patlıcan, çeşitli biberli kabak

İçindekiler

1 küçük patlıcan, uzunlamasına dilimlenmiş ve ikiye bölünmüş

1 küçük kabak, uzunlamasına kesilmiş ve ikiye bölünmüş

1 yeşil biber, yarıya

1 sarı dolmalık biber, ikiye bölünmüş

1 kırmızı dolmalık biber, ikiye bölünmüş

pansuman malzemeleri

6 yemek kaşığı Susam yağı

tatmak için deniz tuzu

3 yemek kaşığı. damıtılmış beyaz sirke

1 çay kaşığı Yumurtasız mayonez

Sebzeleri sos veya marine malzemeleriyle 15 ila 30 dakika marine edin.

Orta ateşte 4 dakika veya sebzeler yumuşayana kadar ızgara yapın.

Izgara portobello ve kırmızı soğan

İçindekiler

1 mısır, uzunlamasına kesilmiş

5 portobello mantarı, durulanmış ve süzülmüş

1 orta boy kırmızı soğan, ½ inç halkalar halinde kesin, ancak ayrı halkalara ayırmayın

pansuman malzemeleri

6 yemek kaşığı Sızma zeytinyağı

tatmak için deniz tuzu

3 yemek kaşığı. balzamik sirke

1 çay kaşığı Dijon hardalı

Sebzeleri sos veya marine malzemeleriyle 15 ila 30 dakika marine edin.

Orta ateşte 4 dakika veya sebzeler yumuşayana kadar ızgara yapın.

Izgara mısır ve kırmızı soğan

İçindekiler

2 büyük kabak, uzunlamasına ½ inçlik dilimler halinde kesin

2 büyük kırmızı soğan, ½ inç halkalar halinde kesin, ancak ayrı halkalara ayrılmayın

1 mısır, uzunlamasına kesilmiş

pansuman malzemeleri

6 yemek kaşığı Susam yağı

tatmak için deniz tuzu

3 yemek kaşığı. damıtılmış beyaz sirke

1 çay kaşığı Yumurtasız mayonez

Sebzeleri sos veya marine malzemeleriyle 15 ila 30 dakika marine edin.

Orta ateşte 4 dakika veya sebzeler yumuşayana kadar ızgara yapın.

Izgara Brüksel Lahanası Karnabahar ve Kuşkonmaz

İçindekiler

10 karnabahar çiçeği

5 Brüksel lahanası

6 adet kuşkonmaz

pansuman malzemeleri

6 yemek kaşığı zeytin yağı

tatmak için deniz tuzu

3 yemek kaşığı. beyaz şarap sirkesi

1 çay kaşığı İngiliz hardalı

Sebzeleri sos veya marine malzemeleriyle 15 ila 30 dakika marine edin.

Orta ateşte 4 dakika veya sebzeler yumuşayana kadar ızgara yapın.

Izgara kabak patlıcan Portobello ve kuşkonmaz

İçindekiler

3 parça Portobello, durulanmış ve süzülmüş

2 patlıcan, uzunlamasına kesilmiş ve ikiye bölünmüş

2 kabak, uzunlamasına kesin ve ikiye bölün

6 adet kuşkonmaz

pansuman malzemeleri

6 yemek kaşığı Susam yağı

tatmak için deniz tuzu

3 yemek kaşığı. damıtılmış beyaz sirke

1 çay kaşığı Yumurtasız mayonez

Sebzeleri sos veya marine malzemeleriyle 15 ila 30 dakika marine edin.

Orta ateşte 4 dakika veya sebzeler yumuşayana kadar ızgara yapın.

Izgara Yeşil Biber, Brokoli ve Kuşkonmaz Tarifi

İçindekiler

2 yeşil biber, yarıya

5 brokoli çiçeği

6 adet kuşkonmaz

pansuman malzemeleri

6 yemek kaşığı Sızma zeytinyağı

tatmak için deniz tuzu

3 yemek kaşığı. Elma sirkesi

1 YEMEK KAŞIĞI. Bal

1 çay kaşığı Yumurtasız mayonez

Sebzeleri sos veya marine malzemeleriyle 15 ila 30 dakika marine edin.

Orta ateşte 4 dakika veya sebzeler yumuşayana kadar ızgara yapın.

Izgara portobello mantarı ve kabak

İçindekiler

2 büyük kabak, uzunlamasına ½ inçlik dilimler halinde kesin

2 büyük kırmızı soğan, ½ inç halkalar halinde kesin, ancak ayrı halkalara ayrılmayın

2 portobello mantarı, ikiye bölünmüş

Marine için malzemeler:

6 yemek kaşığı Sızma zeytinyağı

tatmak için deniz tuzu

3 yemek kaşığı. damıtılmış beyaz sirke

1 çay kaşığı Dijon hardalı

Sebzeleri sos veya marine malzemeleriyle 15 ila 30 dakika marine edin.

Orta ateşte 4 dakika veya sebzeler yumuşayana kadar ızgara yapın.

Izgara kuşkonmaz ananas ve yeşil fasulye

İçindekiler

10 brokoli çiçeği

10 adet kuşkonmaz

1 orta boy ananas, 1/2 inç dilimler halinde kesin

10 yeşil fasulye

pansuman malzemeleri

6 yemek kaşığı Susam yağı

tatmak için deniz tuzu

3 yemek kaşığı. damıtılmış beyaz sirke

1 çay kaşığı Yumurtasız mayonez

Sebzeleri sos veya marine malzemeleriyle 15 ila 30 dakika marine edin.

Orta ateşte 4 dakika veya sebzeler yumuşayana kadar ızgara yapın.

Izgara yeşil fasulye ve patlıcan

İçindekiler

2 büyük patlıcan, uzunlamasına dilimlenmiş ve ikiye bölünmüş

2 büyük kabak, uzunlamasına kesilmiş ve ikiye bölünmüş

10 yeşil fasulye

pansuman malzemeleri

6 yemek kaşığı Sızma zeytinyağı

tatmak için deniz tuzu

3 yemek kaşığı. balzamik sirke

1 çay kaşığı Dijon hardalı

Sebzeleri sos veya marine malzemeleriyle 15 ila 30 dakika marine edin.

Orta ateşte 4 dakika veya sebzeler yumuşayana kadar ızgara yapın.

Izgara kuşkonmaz ve brokoli

İçindekiler

Uzunlamasına kesilmiş mısırlar

5 portobello mantarı, durulanmış ve süzülmüş

8 adet kuşkonmaz

pansuman malzemeleri

6 yemek kaşığı Susam yağı

tatmak için deniz tuzu

3 yemek kaşığı. damıtılmış beyaz sirke

1 çay kaşığı Yumurtasız mayonez

Sebzeleri sos veya marine malzemeleriyle 15 ila 30 dakika marine edin.

Orta ateşte 4 dakika veya sebzeler yumuşayana kadar ızgara yapın.

Izgara Karnabahar ve Brüksel Lahanası

İçindekiler

10 karnabahar çiçeği

10 adet brüksel lahanası

10 brokoli çiçeği

10 adet kuşkonmaz

pansuman malzemeleri

6 yemek kaşığı zeytin yağı

tatmak için deniz tuzu

3 yemek kaşığı. beyaz şarap sirkesi

1 çay kaşığı İngiliz hardalı

Sebzeleri sos veya marine malzemeleriyle 15 ila 30 dakika marine edin.

Orta ateşte 4 dakika veya sebzeler yumuşayana kadar ızgara yapın.

Izgara brokoli ve brokoli çiçeği

İçindekiler

2 yeşil biber, yarıya

5 brokoli çiçeği

5 brokoli çiçeği

pansuman malzemeleri

6 yemek kaşığı Susam yağı

tatmak için deniz tuzu

3 yemek kaşığı. damıtılmış beyaz sirke

1 çay kaşığı Yumurtasız mayonez

Sebzeleri sos veya marine malzemeleriyle 15 ila 30 dakika marine edin.

Orta ateşte 4 dakika veya sebzeler yumuşayana kadar ızgara yapın.

Izgara kabak kırmızı soğan brokoli çiçeği ve kuşkonmaz

İçindekiler

2 büyük kabak, uzunlamasına ½ inçlik dilimler halinde kesin

2 büyük kırmızı soğan, ½ inç halkalar halinde kesin, ancak ayrı halkalara ayrılmayın

10 brokoli çiçeği

10 adet kuşkonmaz

pansuman malzemeleri

6 yemek kaşığı Sızma zeytinyağı

tatmak için deniz tuzu

3 yemek kaşığı. Elma sirkesi

1 YEMEK KAŞIĞI. Bal

1 çay kaşığı Yumurtasız mayonez

Sebzeleri sos veya marine malzemeleriyle 15 ila 30 dakika marine edin.

Orta ateşte 4 dakika veya sebzeler yumuşayana kadar ızgara yapın.

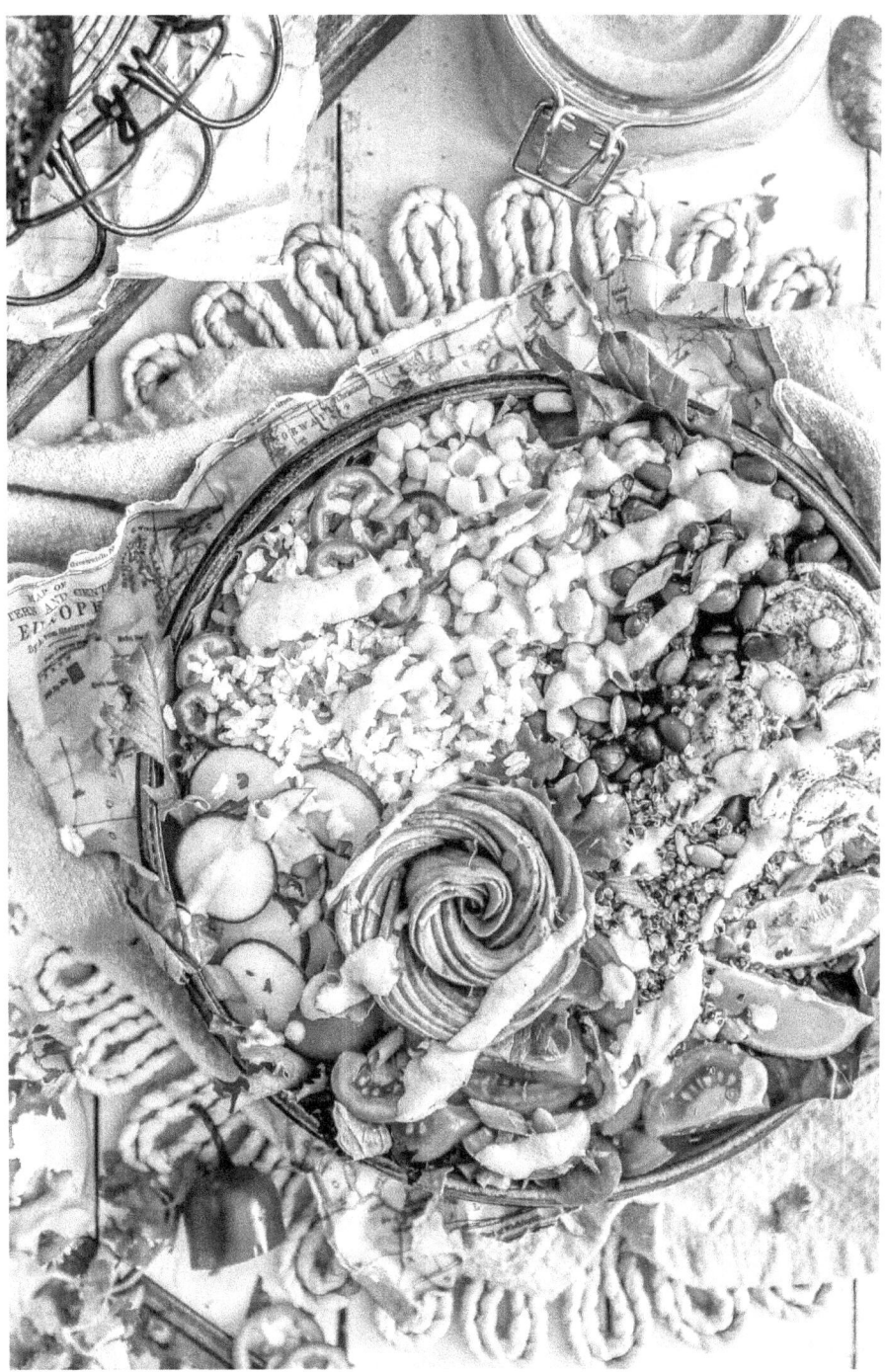

Izgara yeşil fasulye kuşkonmaz brokoli çiçeği ve ananas

İçindekiler

10 brokoli çiçeği

10 adet kuşkonmaz

1 orta boy ananas, 1/2 inç dilimler halinde kesin

10 yeşil fasulye

Marine için malzemeler:

6 yemek kaşığı Sızma zeytinyağı

tatmak için deniz tuzu

3 yemek kaşığı. damıtılmış beyaz sirke

1 çay kaşığı Dijon hardalı

Sebzeleri sos veya marine malzemeleriyle 15 ila 30 dakika marine edin.

Orta ateşte 4 dakika veya sebzeler yumuşayana kadar ızgara yapın.

Izgara edamame fasulye

İçindekiler

10 adet edamame fasulyesi

10 karnabahar çiçeği

10 adet brüksel lahanası

pansuman malzemeleri

6 yemek kaşığı zeytin yağı

tatmak için deniz tuzu

3 yemek kaşığı. beyaz şarap sirkesi

1 çay kaşığı Yumurtasız mayonez

Sebzeleri sos veya marine malzemeleriyle 15 ila 30 dakika marine edin.

Orta ateşte 4 dakika veya sebzeler yumuşayana kadar ızgara yapın.

Izgara bamya, kabak ve kırmızı soğan

İçindekiler

5 adet bamya

2 büyük kabak, uzunlamasına ½ inçlik dilimler halinde kesin

2 büyük kırmızı soğan, ½ inç halkalar halinde kesin, ancak ayrı halkalara ayrılmayın

pansuman malzemeleri

6 yemek kaşığı Sızma zeytinyağı

tatmak için deniz tuzu

3 yemek kaşığı. balzamik sirke

1 çay kaşığı Dijon hardalı

Sebzeleri sos veya marine malzemeleriyle 15 ila 30 dakika marine edin.

Orta ateşte 4 dakika veya sebzeler yumuşayana kadar ızgara yapın.

Izgara yaban havucu ve kabak

İçindekiler

1 büyük yaban havucu, uzunlamasına dilimlenmiş

2 büyük kabak, uzunlamasına ½ inçlik dilimler halinde kesin

2 büyük kırmızı soğan, ½ inç halkalar halinde kesin, ancak ayrı halkalara ayrılmayın

2 YEMEK KAŞIĞI. Sızma zeytinyağı

2 YEMEK KAŞIĞI. Ranch pansuman karışımı

Sebzeleri sos veya marine malzemeleriyle 15 ila 30 dakika marine edin.

Orta ateşte 4 dakika veya sebzeler yumuşayana kadar ızgara yapın.

Izgara yaban havucu ve bamya

İçindekiler

1 büyük yaban havucu, uzunlamasına dilimlenmiş

5 adet bamya

2 büyük patlıcan, uzunlamasına dilimlenmiş ve ikiye bölünmüş

2 büyük kabak, uzunlamasına kesilmiş ve ikiye bölünmüş

pansuman malzemeleri

6 yemek kaşığı zeytin yağı

tatmak için deniz tuzu

3 yemek kaşığı. beyaz şarap sirkesi

1 çay kaşığı İngiliz hardalı

Sebzeleri sos veya marine malzemeleriyle 15 ila 30 dakika marine edin.

Orta ateşte 4 dakika veya sebzeler yumuşayana kadar ızgara yapın.

Izgara brokoli yaban havucu bamya ve kuşkonmaz

İçindekiler

5 brokoli çiçeği

1 büyük yaban havucu, uzunlamasına dilimlenmiş

5 adet bamya

3 adet kuşkonmaz

Uzunlamasına kesilmiş mısırlar

2 portobello mantarı, durulanmış ve süzülmüş

Marine için malzemeler:

6 yemek kaşığı Sızma zeytinyağı

tatmak için deniz tuzu

3 yemek kaşığı. damıtılmış beyaz sirke

1 çay kaşığı Dijon hardalı

Sebzeleri sos veya marine malzemeleriyle 15 ila 30 dakika marine edin.

Orta ateşte 4 dakika veya sebzeler yumuşayana kadar ızgara yapın.

Izgara şalgam ve biber

İçindekiler

1 büyük şalgam, uzunlamasına dilimlenmiş

2 yeşil biber, yarıya

10 brokoli çiçeği

pansuman malzemeleri

6 yemek kaşığı Sızma zeytinyağı

tatmak için deniz tuzu

3 yemek kaşığı. Elma sirkesi

1 YEMEK KAŞIĞI. Bal

1 çay kaşığı Yumurtasız mayonez

Sebzeleri sos veya marine malzemeleriyle 15 ila 30 dakika marine edin.

Orta ateşte 4 dakika veya sebzeler yumuşayana kadar ızgara yapın.

Izgara karnabahar ve brokoli

İçindekiler

10 karnabahar çiçeği

10 adet brüksel lahanası

10 brokoli çiçeği

10 adet kuşkonmaz

pansuman malzemeleri

6 yemek kaşığı Susam yağı

tatmak için deniz tuzu

3 yemek kaşığı. damıtılmış beyaz sirke

1 çay kaşığı Yumurtasız mayonez

Sebzeleri sos veya marine malzemeleriyle 15 ila 30 dakika marine edin.

Orta ateşte 4 dakika veya sebzeler yumuşayana kadar ızgara yapın.

Izgara pancar ve ananas

İçindekiler

1 büyük şalgam, uzunlamasına dilimlenmiş

1 orta boy ananas, 1/2 inç dilimler halinde kesin

10 yeşil fasulye

pansuman malzemeleri

6 yemek kaşığı Susam yağı

tatmak için deniz tuzu

3 yemek kaşığı. damıtılmış beyaz sirke

1 çay kaşığı Yumurtasız mayonez

Sebzeleri sos veya marine malzemeleriyle 15 ila 30 dakika marine edin.

Orta ateşte 4 dakika veya sebzeler yumuşayana kadar ızgara yapın.

Izgara yaban havucu ve kabak

İçindekiler

1 büyük yaban havucu, uzunlamasına dilimlenmiş

2 büyük kabak, uzunlamasına ½ inçlik dilimler halinde kesin

2 büyük kırmızı soğan, ½ inç halkalar halinde kesin, ancak ayrı halkalara ayrılmayın

pansuman malzemeleri

6 yemek kaşığı zeytin yağı

tatmak için deniz tuzu

3 yemek kaşığı. beyaz şarap sirkesi

1 çay kaşığı Yumurtasız mayonez

Sebzeleri sos veya marine malzemeleriyle 15 ila 30 dakika marine edin.

Orta ateşte 4 dakika veya sebzeler yumuşayana kadar ızgara yapın.

Izgara pancar, kırmızı soğan ve yaban havucu

İçindekiler

1 büyük şalgam, uzunlamasına dilimlenmiş

1 büyük yaban havucu, uzunlamasına dilimlenmiş

1 büyük kabak, uzunlamasına ½ inçlik dilimler halinde kesin

2 küçük kırmızı soğan, ½ inç halkalar halinde kesin, ancak ayrı halkalara ayırmayın

pansuman malzemeleri

6 yemek kaşığı Sızma zeytinyağı

tatmak için deniz tuzu

3 yemek kaşığı. balzamik sirke

1 çay kaşığı Dijon hardalı

Sebzeleri sos veya marine malzemeleriyle 15 ila 30 dakika marine edin.

Orta ateşte 4 dakika veya sebzeler yumuşayana kadar ızgara yapın.

Izgara havuç, yaban havucu ve brokoli

İçindekiler

1 büyük havuç, uzunlamasına dilimlenmiş

1 büyük yaban havucu, uzunlamasına dilimlenmiş

10 brokoli çiçeği

10 adet kuşkonmaz

10 yeşil fasulye

pansuman malzemeleri

6 yemek kaşığı zeytin yağı

tatmak için deniz tuzu

3 yemek kaşığı. beyaz şarap sirkesi

1 çay kaşığı İngiliz hardalı

Sebzeleri sos veya marine malzemeleriyle 15 ila 30 dakika marine edin.

Orta ateşte 4 dakika veya sebzeler yumuşayana kadar ızgara yapın.

Izgara kuşkonmaz ve brokoli çiçeği

İçindekiler

10 brokoli çiçeği

10 adet kuşkonmaz

Uzunlamasına kesilmiş mısırlar

5 portobello mantarı, durulanmış ve süzülmüş

Marine için malzemeler:

6 yemek kaşığı Sızma zeytinyağı

tatmak için deniz tuzu

3 yemek kaşığı. damıtılmış beyaz sirke

1 çay kaşığı Dijon hardalı

Sebzeleri sos veya marine malzemeleriyle 15 ila 30 dakika marine edin.

Orta ateşte 4 dakika veya sebzeler yumuşayana kadar ızgara yapın.

Izgara karnabahar ve bebek mısır

İçindekiler

10 karnabahar çiçeği

½ su bardağı konserve bebek mısır

10 adet brüksel lahanası

pansuman malzemeleri

6 yemek kaşığı Sızma zeytinyağı

tatmak için deniz tuzu

3 yemek kaşığı. Elma sirkesi

1 YEMEK KAŞIĞI. Bal

1 çay kaşığı Yumurtasız mayonez

Sebzeleri sos veya marine malzemeleriyle 15 ila 30 dakika marine edin.

Orta ateşte 4 dakika veya sebzeler yumuşayana kadar ızgara yapın.

Izgara enginar kalbi ve brokoli çiçeği

İçindekiler

½ su bardağı konserve enginar kalbi

10 brokoli çiçeği

pansuman malzemeleri

6 yemek kaşığı Susam yağı

tatmak için deniz tuzu

3 yemek kaşığı. damıtılmış beyaz sirke

1 çay kaşığı Yumurtasız mayonez

Sebzeleri sos veya marine malzemeleriyle 15 ila 30 dakika marine edin.

Orta ateşte 4 dakika veya sebzeler yumuşayana kadar ızgara yapın.

Izgara bebek havuç ve patlıcan

İçindekiler

5 bebek havuç

2 büyük patlıcan, uzunlamasına dilimlenmiş ve ikiye bölünmüş

2 büyük kabak, uzunlamasına kesilmiş ve ikiye bölünmüş

pansuman malzemeleri

6 yemek kaşığı Susam yağı

tatmak için deniz tuzu

3 yemek kaşığı. damıtılmış beyaz sirke

1 çay kaşığı Yumurtasız mayonez

Sebzeleri sos veya marine malzemeleriyle 15 ila 30 dakika marine edin.

Orta ateşte 4 dakika veya sebzeler yumuşayana kadar ızgara yapın.

Izgara bebek havuç ve kabak

İçindekiler

7 bebek havuç

2 büyük kabak, uzunlamasına ½ inçlik dilimler halinde kesin

2 büyük kırmızı soğan, ½ inç halkalar halinde kesin, ancak ayrı halkalara ayrılmayın

pansuman malzemeleri

6 yemek kaşığı zeytin yağı

tatmak için deniz tuzu

3 yemek kaşığı. beyaz şarap sirkesi

1 çay kaşığı Yumurtasız mayonez

Sebzeleri sos veya marine malzemeleriyle 15 ila 30 dakika marine edin.

Orta ateşte 4 dakika veya sebzeler yumuşayana kadar ızgara yapın.

Izgara mısır, bebek mısır ve kuşkonmaz

İçindekiler

10 bebek mısır

10 adet kuşkonmaz

Uzunlamasına kesilmiş mısırlar

pansuman malzemeleri

6 yemek kaşığı Sızma zeytinyağı

tatmak için deniz tuzu

3 yemek kaşığı. balzamik sirke

1 çay kaşığı Dijon hardalı

Sebzeleri sos veya marine malzemeleriyle 15 ila 30 dakika marine edin.

Orta ateşte 4 dakika veya sebzeler yumuşayana kadar ızgara yapın.

Izgara bebek havuç ve enginar kalbi

İçindekiler

1 su bardağı konserve enginar kalbi

2 büyük kabak, uzunlamasına ½ inçlik dilimler halinde kesin

8 bebek havuç

pansuman malzemeleri

6 yemek kaşığı zeytin yağı

tatmak için deniz tuzu

3 yemek kaşığı. beyaz şarap sirkesi

1 çay kaşığı İngiliz hardalı

Sebzeleri sos veya marine malzemeleriyle 15 ila 30 dakika marine edin.

Orta ateşte 4 dakika veya sebzeler yumuşayana kadar ızgara yapın.

Izgara yeşil ananas fasulyesi ve enginar kalbi

İçindekiler

1 orta boy ananas, 1/2 inç dilimler halinde kesin

10 yeşil fasulye

1 su bardağı konserve enginar kalbi

Marine için malzemeler:

6 yemek kaşığı Sızma zeytinyağı

tatmak için deniz tuzu

3 yemek kaşığı. damıtılmış beyaz sirke

1 çay kaşığı Dijon hardalı

Sebzeleri sos veya marine malzemeleriyle 15 ila 30 dakika marine edin.

Orta ateşte 4 dakika veya sebzeler yumuşayana kadar ızgara yapın.

Izgara brokoli ve bebek havuç

İçindekiler

10 brokoli çiçeği

10 adet bebek havuç

2 büyük kabak, uzunlamasına ½ inçlik dilimler halinde kesin

2 büyük kırmızı soğan, ½ inç halkalar halinde kesin, ancak ayrı halkalara ayrılmayın

pansuman malzemeleri

6 yemek kaşığı zeytin yağı

tatmak için deniz tuzu

3 yemek kaşığı. beyaz şarap sirkesi

1 çay kaşığı Yumurtasız mayonez

Sebzeleri sos veya marine malzemeleriyle 15 ila 30 dakika marine edin.

Orta ateşte 4 dakika veya sebzeler yumuşayana kadar ızgara yapın.

Kolay ızgara bebek mısır ve karnabahar çiçeği

İçindekiler

10 adet bebe mısır

10 karnabahar çiçeği

10 adet brüksel lahanası

pansuman malzemeleri

6 yemek kaşığı Sızma zeytinyağı

tatmak için deniz tuzu

3 yemek kaşığı. Elma sirkesi

1 YEMEK KAŞIĞI. Bal

1 çay kaşığı Yumurtasız mayonez

Sebzeleri sos veya marine malzemeleriyle 15 ila 30 dakika marine edin.

Orta ateşte 4 dakika veya sebzeler yumuşayana kadar ızgara yapın.

Izgara bebek havuç ve biber

İçindekiler

8 bebek havuç

2 yeşil biber, yarıya

10 brokoli çiçeği

pansuman malzemeleri

6 yemek kaşığı Susam yağı

tatmak için deniz tuzu

3 yemek kaşığı. damıtılmış beyaz sirke

1 çay kaşığı Yumurtasız mayonez

Sebzeleri sos veya marine malzemeleriyle 15 ila 30 dakika marine edin.

Orta ateşte 4 dakika veya sebzeler yumuşayana kadar ızgara yapın.

Izgara bebek mısır, enginar kalbi ve patlıcan

İçindekiler

½ su bardağı konserve bebek mısır

½ su bardağı konserve enginar kalbi

2 büyük patlıcan, uzunlamasına dilimlenmiş ve ikiye bölünmüş

pansuman malzemeleri

6 yemek kaşığı zeytin yağı

tatmak için deniz tuzu

3 yemek kaşığı. beyaz şarap sirkesi

1 çay kaşığı Yumurtasız mayonez

Sebzeleri sos veya marine malzemeleriyle 15 ila 30 dakika marine edin.

Orta ateşte 4 dakika veya sebzeler yumuşayana kadar ızgara yapın.

Izgara bebek havuç ve kırmızı soğan

İçindekiler

½ fincan bebek havuç

2 büyük kabak, uzunlamasına ½ inçlik dilimler halinde kesin

2 büyük kırmızı soğan, ½ inç halkalar halinde kesin, ancak ayrı halkalara ayrılmayın

pansuman malzemeleri

6 yemek kaşığı Sızma zeytinyağı

tatmak için deniz tuzu

3 yemek kaşığı. balzamik sirke

1 çay kaşığı Dijon hardalı

Sebzeleri sos veya marine malzemeleriyle 15 ila 30 dakika marine edin.

Orta ateşte 4 dakika veya sebzeler yumuşayana kadar ızgara yapın.

Izgara Brokoli Kuşkonmaz ve Portobello Mantarı

İçindekiler

10 brokoli çiçeği

10 adet kuşkonmaz

Uzunlamasına kesilmiş mısırlar

5 portobello mantarı, durulanmış ve süzülmüş

pansuman malzemeleri

6 yemek kaşığı Susam yağı

tatmak için deniz tuzu

3 yemek kaşığı. damıtılmış beyaz sirke

1 çay kaşığı Yumurtasız mayonez

Sebzeleri sos veya marine malzemeleriyle 15 ila 30 dakika marine edin.

Orta ateşte 4 dakika veya sebzeler yumuşayana kadar ızgara yapın.

Izgara enginar kalbi

İçindekiler

1 su bardağı konserve enginar kalbi

2 büyük kırmızı soğan, ½ inç halkalar halinde kesin, ancak ayrı halkalara ayrılmayın

pansuman malzemeleri

6 yemek kaşığı zeytin yağı

tatmak için deniz tuzu

3 yemek kaşığı. beyaz şarap sirkesi

1 çay kaşığı İngiliz hardalı

Sebzeleri sos veya marine malzemeleriyle 15 ila 30 dakika marine edin.

Orta ateşte 4 dakika veya sebzeler yumuşayana kadar ızgara yapın.

Izgara bebek havuç ve mantar

İçindekiler

10 adet bebek havuç

1 su bardağı konserve mantar

pansuman malzemeleri

6 yemek kaşığı zeytin yağı

tatmak için deniz tuzu

3 yemek kaşığı. beyaz şarap sirkesi

1 çay kaşığı Yumurtasız mayonez

Sebzeleri sos veya marine malzemeleriyle 15 ila 30 dakika marine edin.

Orta ateşte 4 dakika veya sebzeler yumuşayana kadar ızgara yapın.

Izgara enginar kalbi ve kuşkonmaz

İçindekiler

½ su bardağı konserve enginar kalbi

10 brokoli çiçeği

10 adet kuşkonmaz

pansuman malzemeleri

6 yemek kaşığı Sızma zeytinyağı

tatmak için deniz tuzu

3 yemek kaşığı. Elma sirkesi

1 YEMEK KAŞIĞI. Bal

1 çay kaşığı Yumurtasız mayonez

Sebzeleri sos veya marine malzemeleriyle 15 ila 30 dakika marine edin.

Orta ateşte 4 dakika veya sebzeler yumuşayana kadar ızgara yapın.

ızgara kabak

İçindekiler

2 büyük kabak, uzunlamasına ½ inçlik dilimler halinde kesin

pansuman malzemeleri

6 yemek kaşığı zeytin yağı

tatmak için deniz tuzu

3 yemek kaşığı. beyaz şarap sirkesi

1 çay kaşığı Yumurtasız mayonez

Sebzeleri sos veya marine malzemeleriyle 15 ila 30 dakika marine edin.

Orta ateşte 4 dakika veya sebzeler yumuşayana kadar ızgara yapın.

Balzamik sır ile ızgara patlıcan

İçindekiler

2 büyük patlıcan, uzunlamasına dilimlenmiş ve ikiye bölünmüş

pansuman malzemeleri

6 yemek kaşığı Sızma zeytinyağı

tatmak için deniz tuzu

3 yemek kaşığı. balzamik sirke

1 çay kaşığı Dijon hardalı

Sebzeleri sos veya marine malzemeleriyle 15 ila 30 dakika marine edin.

Orta ateşte 4 dakika veya sebzeler yumuşayana kadar ızgara yapın.

Izgara marul ve domates

İçindekiler

10 brokoli çiçeği

10 adet brüksel lahanası

10 adet kuşkonmaz

1 demet marul yaprağı

2 orta boy havuç, boyuna ikiye bölünmüş ve ikiye bölünmüş

4 büyük domates, kalın dilimlenmiş

Pansuman Malzemeler:

6 yemek kaşığı Sızma zeytinyağı

1 çay kaşığı soğan tozu

tatmak için deniz tuzu

3 yemek kaşığı. damıtılmış beyaz sirke

1 çay kaşığı Dijon hardalı

Tüm pansuman malzemelerini birlikte iyice karıştırın.

Izgaranızı düşük ısıda önceden ısıtın ve ızgaraları yağlayın.

Sebze ızgarasını bir kez yumuşayana kadar her bir tarafta 12 dakika katlayın.

Marine/sos malzemeleri ile fırçalayın

Izgara kabak ve biber

İçindekiler

1 kiloluk kabak, uzunlamasına daha kısa çubuklar halinde kesin

1 pound yeşil biber, geniş şeritler halinde kesilmiş

1 büyük kırmızı soğan, 1/2 inç kalınlığında yuvarlaklar halinde kesin

1/3 su bardağı İtalyan maydanozu veya fesleğen, ince kıyılmış

pansuman malzemeleri

6 yemek kaşığı zeytin yağı

1 çay kaşığı sarımsak tozu

1 çay kaşığı soğan tozu

tatmak için deniz tuzu

3 yemek kaşığı. beyaz şarap sirkesi

1 çay kaşığı İngiliz hardalı

Tüm pansuman malzemelerini birlikte iyice karıştırın.

Izgaranızı düşük ısıda önceden ısıtın ve ızgaraları yağlayın.

Sebze ızgarasını bir kez yumuşayana kadar her bir tarafta 12 dakika katlayın.

Marine/sos malzemeleri ile fırçalayın

Izgara patlıcan ve kırmızı soğan

İçindekiler

1 pound patlıcan, uzunlamasına daha kısa çubuklar halinde kesin

1 pound yeşil biber, geniş şeritler halinde kesilmiş

1 büyük kırmızı soğan, 1/2 inç kalınlığında yuvarlaklar halinde kesin

1/3 su bardağı İtalyan maydanozu veya fesleğen, ince kıyılmış

Pansuman Malzemeler:

6 yemek kaşığı Sızma zeytinyağı

1 çay kaşığı soğan tozu

tatmak için deniz tuzu

3 yemek kaşığı. damıtılmış beyaz sirke

1 çay kaşığı Dijon hardalı

Tüm pansuman malzemelerini birlikte iyice karıştırın.

Izgaranızı düşük ısıda önceden ısıtın ve ızgaraları yağlayın.

Sebze ızgarasını bir kez yumuşayana kadar her bir tarafta 12 dakika katlayın.

Marine/sos malzemeleri ile fırçalayın

Izgara kuşkonmaz filizi brokoli çiçeği

İçindekiler

10 adet kuşkonmaz

1 demet marul yaprağı

10 brokoli çiçeği

10 adet brüksel lahanası

2 orta boy havuç, boyuna ikiye bölünmüş ve ikiye bölünmüş

4 büyük domates, kalın dilimlenmiş

pansuman malzemeleri

6 yemek kaşığı zeytin yağı

3 çizgi Tabasco acı sos

tatmak için deniz tuzu

3 yemek kaşığı. beyaz şarap sirkesi

1 çay kaşığı Yumurtasız mayonez

Tüm pansuman malzemelerini birlikte iyice karıştırın.

Izgaranızı düşük ısıda önceden ısıtın ve ızgaraları yağlayın.

Sebze ızgarasını bir kez yumuşayana kadar her bir tarafta 12 dakika katlayın.

Marine/sos malzemeleri ile fırçalayın

Ballı elma sirkesi sosunda ızgara kabak

İçindekiler

1 kiloluk kabak, uzunlamasına daha kısa çubuklar halinde kesin

1 pound yeşil biber, geniş şeritler halinde kesilmiş

1 büyük kırmızı soğan, 1/2 inç kalınlığında yuvarlaklar halinde kesin

1/3 su bardağı İtalyan maydanozu veya fesleğen, ince kıyılmış

pansuman malzemeleri

6 yemek kaşığı Sızma zeytinyağı

tatmak için deniz tuzu

3 yemek kaşığı. Elma sirkesi

1 YEMEK KAŞIĞI. Bal

1 çay kaşığı Yumurtasız mayonez

Tüm pansuman malzemelerini birlikte iyice karıştırın.

Izgaranızı düşük ısıda önceden ısıtın ve ızgaraları yağlayın.

Sebze ızgarasını bir kez yumuşayana kadar her bir tarafta 12 dakika katlayın.

Marine/sos malzemeleri ile fırçalayın

Izgara kabak enginar kalbi ve kırmızı soğan

İçindekiler

1/2 pound kabak, daha kısa çubuklar halinde uzunlamasına kesin

½ su bardağı konserve enginar kalbi

1 pound yeşil biber, geniş şeritler halinde kesilmiş

1 büyük kırmızı soğan, 1/2 inç kalınlığında yuvarlaklar halinde kesin

1/3 su bardağı İtalyan maydanozu veya fesleğen, ince kıyılmış

pansuman malzemeleri

6 yemek kaşığı Sızma zeytinyağı

tatmak için deniz tuzu

3 yemek kaşığı. balzamik sirke

1 çay kaşığı Dijon hardalı

Tüm pansuman malzemelerini birlikte iyice karıştırın.

Izgaranızı düşük ısıda önceden ısıtın ve ızgaraları yağlayın.

Sebze ızgarasını bir kez yumuşayana kadar her bir tarafta 12 dakika katlayın.

Marine/sos malzemeleri ile fırçalayın

Izgara kabak ve brokoli çiçeği

İçindekiler

1 kiloluk kabak, uzunlamasına daha kısa çubuklar halinde kesin

1 pound yeşil biber, geniş şeritler halinde kesilmiş

10 brokoli çiçeği

10 adet brüksel lahanası

1 büyük kırmızı soğan, 1/2 inç kalınlığında yuvarlaklar halinde kesin

1/3 su bardağı İtalyan maydanozu veya fesleğen, ince kıyılmış

pansuman malzemeleri

6 yemek kaşığı zeytin yağı

1 çay kaşığı sarımsak tozu

1 çay kaşığı soğan tozu

tatmak için deniz tuzu

3 yemek kaşığı. beyaz şarap sirkesi

1 çay kaşığı İngiliz hardalı

Tüm pansuman malzemelerini birlikte iyice karıştırın.

Izgaranızı düşük ısıda önceden ısıtın ve ızgaraları yağlayın.

Sebze ızgarasını bir kez yumuşayana kadar her bir tarafta 12 dakika katlayın.

Marine/sos malzemeleri ile fırçalayın

Kızarmış köri karnabahar

İÇİNDEKİLER

1 baş karnabahar, yaprakları ve sapları çıkarılmış ve lokma büyüklüğünde çiçeklere ayrılmış

1/2 büyük sarı soğan, ince dilimlenmiş

2 yemek kaşığı sızma zeytinyağı

1/2 su bardağı donmuş bezelye

baharat malzemeleri

1/2 yemek kaşığı kırmızı köri tozu

1/4 çay kaşığı ezilmiş kırmızı biber (isteğe bağlı)

Tatmak için deniz tuzu ve karabiber

Fırınınızı 400 ° F'ye önceden ısıtın.

Çiçekleri bir kaseye koyun ve soğuk su altında durulayın.

suyu boşaltmak

Bir fırın tepsisini folyo ile kaplayın.

Karnabahar ve kırmızı soğanı fırın tepsisine dizin.

Zeytinyağını dökün ve baharat malzemelerini serpin.

Yukarıdaki malzemeleri iyice birleştirin.

Bir kez karıştırarak 45 dakika pişirin.

Karnabahar pişerken 1/2 su bardağı bezelyeyi çözün.

45 derece sonra karnabahar karışımını ocaktan alıp bezelyeleri ekleyin.

Her şeyi yağ ve baharatlarla atın ve fırçalayın.

Körili nohut

İÇİNDEKİLER

2 yemek kaşığı sızma zeytinyağı

1 orta boy kırmızı soğan, doğranmış

4 diş sarımsak, kıyılmış

2 15 ons konserve nohut, süzülmüş

1 20 ons konserve domates sosu

1 bardak su

1 yemek kaşığı kırmızı köri tozu

1/2 demet taze kişniş, durulanmış, sapları alınmış ve kabaca doğranmış

Zeytinyağlı bir tavada soğanı ve sarımsağı orta-yüksek ateşte yumuşayana kadar soteleyin (yaklaşık 4 dakika sürer).

Fasulyeleri süzün ve tavaya ekleyin.

Domates sosu, su ve köri tozunu ekleyin.

Her şeyi iyice karıştırın.

Orta ateşte kaynamaya bırakın.

Kişnişi tencereye koyun.

Karıştırın ve sos kalın bir kıvama gelene kadar pişirin.

kahverengi mercimek ile köri

İÇİNDEKİLER

1 yemek kaşığı sızma zeytinyağı

3 diş sarımsak, kıyılmış

1 orta boy kırmızı soğan, doğranmış

3 orta boy havuç (1/2 pound)

1 su bardağı pişmemiş kahverengi mercimek

2 yemek kaşığı sıcak köri tozu

15 oz konserve domates sosu*

Deniz tuzu

1/2 demet taze kişniş (isteğe bağlı)

Mercimekleri fırın tepsisine dizin.

3 su bardağı suyu bir tencerede kaynatın.

mercimek ekleyin.

Bir kaynamaya getirin ve ısıyı düşük seviyeye getirin.

Örtün ve 20 dakika veya mercimek yumuşayana kadar pişirin.

Mercimekleri süzün.

Orta-yüksek ateşte soğan yarı saydam olana kadar tavada zeytinyağında soğan, sarımsak ve havucu soteleyin.

Köri tozunu ekleyin ve karıştırarak birkaç dakika daha kızartın.

Mercimekleri domates sosuyla birlikte tavaya ekleyin.

Karıştırın ve yaklaşık 5 dakika pişirin.

Gerekirse daha fazla tuz ekleyin.

Kişniş ile süsleyin ve pilav, naan, pide veya kıtır ekmek üzerinde servis yapın.

Kale Domates Pesto Salatası

İÇİNDEKİLER

6 su bardağı lahana, ince kıyılmış

15 ons. Beyaz fasulye konservesi, durulanmış ve süzülmüş

1 su bardağı pişmiş Quorn*, doğranmış

1 su bardağı üzüm domates, yarıya

1/2 su bardağı pesto

1 büyük limon, dilimler halinde kesilmiş

Pesto ve limon hariç tüm malzemeleri bir kaseye koyun.

Pestoyu ekleyin ve kaplanana kadar fırlatın.

limon ile süsleyin

Yavaş Pişmiş Lacivert Fasulye Çorbası

İÇİNDEKİLER

2 yemek kaşığı sızma zeytinyağı

6 diş sarımsak, doğranmış

1 orta boy kırmızı soğan, doğranmış

1/2 pound havuç, ince dilimlenmiş

4 sap kereviz (1/2 demet), dilimlenmiş

1 pound kuru fasulye, çekirdekleri çıkarıldı, durulandı ve süzüldü

1 bütün defne yaprağı

1 çay kaşığı kurutulmuş biberiye

1/2 çay kaşığı kuru kekik

1/2 çay kaşığı İspanyol biberi

Taze çekilmiş karabiber (15-20 krank karabiber değirmeni)

1 1/2 çay kaşığı tuz veya tatmak için daha fazla

Yavaş pişiriciye zeytinyağı, sarımsak, soğan, kereviz ve havuç ekleyin.

Yavaş pişiriciye fasulye, defne yaprağı, biberiye, kekik, kırmızı biber ve biraz taze kırılmış biber ekleyin.

Yavaş pişiriciye 6 bardak su ekleyin ve malzemeleri birlikte karıştırın.

Örtün ve düşükte 8 saat veya yüksekte 4 1/2 saat pişirin.

Pişirdikten sonra çorbayı karıştırın ve fasulyeleri ezin.

Gerekirse daha fazla deniz tuzu ekleyin.

Vegan tofu sarma

İçindekiler

½ kırmızı lahana, kıyılmış

4 tepeleme yemek kaşığı sütsüz yoğurt

3 yemek kaşığı nane sosu

Her biri 15 küp halinde kesilmiş 3 x 200g tofu paketi

2 yemek kaşığı tandır köri ezmesi

2 yemek kaşığı zeytinyağı

2 kırmızı soğan, dilimlenmiş

2 büyük diş sarımsak, dilimlenmiş

8 chapati

2 limon, dörde bölünmüş

Lahana, süt ürünü olmayan yoğurt ve nane sosunu bir kasede birleştirin.

Tuz ve karabiber serpin ve bir kenara koyun.

Tofu, tandır ezmesi ve 1 yemek kaşığı yağı karıştırın.

Yağı bir tavada ısıtın ve tofuyu kızarana kadar partiler halinde kızartın.

Tofuyu tavadan alın.

Kalan yağı ekleyin, soğanları ve sarımsağı soteleyin ve 9 dakika soteleyin.

Tofuyu tavaya geri koyun

Daha fazla tuz ekleyin.

binmek

Chapattis'i paketin üzerindeki talimatlara göre ısıtın.

Üzerine lahana, tofu ve bir miktar limon suyu ekleyin.

Chipotle ile vegan burrito kasesi

İçindekiler

125 gr basmati pirinci

1 yemek kaşığı sızma zeytinyağı

3 diş sarımsak, kıyılmış

400g konserve siyah fasulye, süzülmüş ve durulanmış

1 yemek kaşığı elma sirkesi

1 tatlı kaşığı bal

1 yemek kaşığı chipotle ezmesi

100 gr kıyılmış lahana

1 avokado yarıya ve dilimlenmiş

1 orta boy doğranmış domates

1 küçük sarı soğan, doğranmış

Servis yap (isteğe bağlı)

Chipotle acı sos

Kişniş yaprakları

kireç takozlar

Pirinci paketindeki talimatlara göre pişirin ve sıcak tutun.

Yağı bir tavada ısıtın, sarımsağı ekleyin ve altın kahverengi olana kadar karıştırın.

Fasulye, sirke, bal ve chipotle ekleyin.

Deniz tuzu ile tatlandırın

2 dakika kaynatın.

Lahanayı bir dakika pişirin. ve fazla nemi boşaltın.

Pirinci eşit olarak bölün. kaseler.

Fasulye, lahana, avokado, domates ve soğan ile doldurun.

Acı sos, kişniş ve limon dilimleri serpin.

Kolay Vegan Siyah Fasulye Biber

İçindekiler

2 yemek kaşığı sızma zeytinyağı

6 diş sarımsak, ince kıyılmış

2 büyük kırmızı soğan, doğranmış

3 yemek kaşığı tatlı yenibahar veya hafif toz biber

3 yemek kaşığı kimyon

tatmak için deniz tuzu

3 yemek kaşığı elma sirkesi

2 yemek kaşığı bal

2 (14 oz.) kutu doğranmış domates

2 (14 oz.) kutu siyah fasulye, durulanmış ve süzülmüş

Garnitür için: ufalanmış vegan peynir, doğranmış yeşil soğan, dilimlenmiş turp, avokado parçaları, ekşi krema

Zeytinyağını ısıtın ve sarımsak ve soğanı yumuşayana kadar soteleyin.

Yenibahar ve kimyonu ekleyip 3 dakika pişirin.

Sirke, bal, domates ve deniz tuzu ekleyin.

10 dakika daha pişirin.

Fasulyeleri ekleyin ve 10 dakika daha pişirin.

Pirinçle servis yapın ve garnitür için malzemelerle serpin.

Hint Kırmızı Mercimek Domates Tava

İçindekiler

200 gr kırmızı mercimek, yıkanmış

Vegansanız 2 yemek kaşığı zeytinyağı

1 küçük kırmızı soğan, ince kıyılmış

4 diş sarımsak, ince kıyılmış

bir tutam zerdeçal

½ çay kaşığı garam masala

kişniş, servis

1 küçük domates, doğranmış

Mercimekleri 1 litre su ve bir tutam tuz ile haşlayın. 25 dakika pişirin, baloncukları yukarıdan alın.

Örtün ve kalınlaşana kadar 40 dakika daha pişirin.

Yağı bir tavada orta ateşte ısıtın.

Soğan ve sarımsağı karıştırarak, soğan yumuşayana kadar soteleyin.

Zerdeçal ve garam masala ekleyin ve bir dakika daha pişirin.

Mercimekleri bir kaseye koyun ve üzerine soğan karışımının yarısını ekleyin.

Kişniş ve domatesle süsleyin.

Levanten Nohut ve Bezelye Salatası

İçindekiler

½ su bardağı sızma zeytinyağı

1 çay kaşığı garam masala

2 (14 ons) konserve nohut, süzülmüş ve durulanmış

½ pound yemeye hazır karışık tahıl torbası

½ pound dondurulmuş bezelye

2 limon, rendelenmiş ve suyu sıkılmış

1 büyük paket maydanoz, kabaca doğranmış yapraklar

1 büyük nane yaprağı, kabaca doğranmış

yarım kilo turp, kabaca doğranmış

1 salatalık, doğranmış

Servis için nar taneleri

Fırınınızı 392 derece F'ye ısıtın.

Garam masala ile ¼ bardak yağ ekleyin ve biraz tuz ekleyin.

Bunu nohutla büyük bir tavada birleştirin, ardından 15 dakika pişirin. veya çıtır çıtır olana kadar.

Karışık tahılları, bezelyeyi ve limon kabuğu rendesini ekleyin.

Karıştırın ve yaklaşık 10 dakika fırına geri dönün.

Otlar, turp, salatalık, kalan yağ ve limon suyu ile karıştırın.

Daha fazla tuz ekleyin ve nar taneleri ile süsleyin.

Havuç Kakule Çorbası

İçindekiler

1 büyük kırmızı soğan, ince doğranmış

4 yağlı diş sarımsak, ezilmiş

1 büyük havuç, ince doğranmış

parmak büyüklüğünde zencefil, soyulmuş ve ince kıyılmış

2 yemek kaşığı zeytinyağı

bir tutam zerdeçal

10 kakule baklasından tohumlar

1 çay kaşığı kimyon, tohum veya öğütülmüş

¼ kilo kırmızı mercimek

1 ¾ bardak hafif hindistan cevizi sütü

Kabuğu ve suyu 1 limon

Bir tutam biber gevreği

bir avuç maydanoz, kıyılmış

Bir tavada biraz yağı ısıtın ve soğan, sarımsak, havuç ve zencefili yumuşayana kadar soteleyin.

Zerdeçal, kakule ve kimyon ekleyin.

Baharatlar aromatik hale gelene kadar birkaç dakika daha pişirin.

Mercimek, hindistan cevizi sütü ve 1 su bardağı su ekleyin.

Kaynatın ve mercimekler yumuşayana kadar 15 dakika pişirin.

Bir daldırma blenderi ile işleyin, çorbayı topaklanana kadar çekin.

Limon kabuğu rendesi ve suyuyla süsleyin.

Tuz, kırmızı biber ve otlar ile tatlandırın.

Kaselere paylaştırın ve biraz daha limon kabuğu rendesi serpin.

Karnabahar Basmati Pirinç Pilavı

İçindekiler

1 yemek kaşığı zeytinyağı

2 büyük kırmızı soğan, dilimlenmiş

Seçeceğiniz 1 yemek kaşığı köri ezmesi

½ pound basmati pirinci

¾ pound karnabahar çiçeği

1 pound nohut, durulanmış ve süzülmüş

2 su bardağı sebze suyu

1/8 su bardağı kızarmış şeritli badem

bir avuç kıyılmış kişniş

Yağı bir tavada ısıtın ve soğanları orta-yüksek ateşte 5 dakika kahverengileşene kadar soteleyin.

Köri ezmesi ekleyin ve 1 dakika pişirin.

Pirinç, karnabahar ve nohudu ekleyin.

Tüm bunları kaplamak için birleştirin.

Et suyunu ekleyin ve iyice birleştirin.

Örtün ve 12 ½ dakika veya pirinç ve karnabahar yumuşayana ve tüm sıvı azalana kadar pişirin.

Badem ve kişniş ekleyin.

Vegan lahana salatası baskı tarifi

İÇİNDEKİLER

¼ büyük bir lahana (375 gram), bıçak veya mandolin ile kıyılmış

1 büyük havuç, soyulmuş ve jülyen doğranmış

½ orta boy beyaz soğan, ince dilimlenmiş

pansuman malzemeleri

3 yemek kaşığı aquafaba (nohut pişirme sıvısı)

½ su bardağı kanola yağı

1 yemek kaşığı elma sirkesi

2 yemek kaşığı limon suyu

2 yemek kaşığı bal

½ çay kaşığı deniz tuzu veya tatmak için daha fazla

Sebzeleri bir kapta birleştirin.

Aquafaba'yı bir karıştırıcıya koyun ve üzerine yavaşça yağ gezdirin.

Kalan sos malzemelerini ekleyin ve karıştırın.

Bu sosu sebzelerin üzerine dökün ve fırlatın.

Tat ve tuz.

Avokado Kremalı Makarna

İçindekiler

2 avokado, çekirdeksiz ve doğranmış

3 diş sarımsak, doğranmış

1/2 limon suyu

1/4 fincan şekersiz badem sütü

1/4 su bardağı su

tatmak için deniz tuzu

Tatmak için pul biber

Süslemek için 4 adet ikiye bölünmüş çeri domates (isteğe bağlı)

2 su bardağı pişmiş makarna

Avokado, sarımsak ve limon suyunu bir karıştırıcıda karıştırın.

Badem sütünü ve suyu yavaş yavaş karışıma ekleyin.

Deniz tuzu ve kırmızı biber gevreği ekleyin.

Haşladığınız makarnanın üzerine gezdirin.

Vegan Quorn Salatası

16 ons. kaynatılmış, kaynatılmış

2 ÇAY KAŞIK. taze limon suyu

1 sap kereviz, doğranmış

1/3 su bardağı kıyılmış yeşil soğan

1 su bardağı vegan mayonez

1 çay kaşığı İngiliz hardalı

Tatmak için deniz tuzu ve karabiber

Limon suyu, kereviz ve soğanı iyice karıştırın.

Bu karışıma vegan mayonez ve hardalı ekleyin.

Deniz tuzu ve karabiberle tatlandırın.

Soğutun ve servis yapın.

Vegan Makarna ve Peynir

İçindekiler

3 1/2 su bardağı dirsek makarna

1/2 su bardağı bitkisel margarin

1/2 su bardağı un

3 1/2 bardak kaynar su

1-2 çay kaşığı Deniz tuzu

2 YEMEK KAŞIĞI. soya sosu

1 1/2 çay kaşığı. sarımsak tozu

bir tutam zerdeçal

1/4 su bardağı zeytinyağı

1 su bardağı besleyici maya gevreği

tatmak için İspanyol biberi

Fırınınızı 350 ° F'ye ısıtın.

Dirsek makarnayı paketin üzerindeki tarife göre pişirin.

Erişteleri boşaltın.

Bir tavada vegan margarini eriyene kadar kısık ateşte ısıtın.

Unu ekleyip çırpın.

Pürüzsüz ve kabarcıklı olana kadar dövmeye ve ısıyı orta seviyeye yükseltmeye devam edin.

Kaynar su, tuz, soya sosu, sarımsak tozu ve zerdeçal ekleyin ve karıştırın.

Eriyene kadar çırpmaya devam edin.

Kalın ve kabarcıklı bir kez, yağ ve maya pullarını karıştırın.

Sosun 3/4'ünü makarna ile karıştırın ve bir güveç kabına koyun.

Kalan sosu dökün ve kırmızı biberle tatlandırın.

15 dakika pişirin.

birkaç dakika kavurun..

Meksika melek saç şehriye çorbası

5 büyük domates, büyük küpler halinde kesilmiş

1 orta boy kırmızı soğan, büyük küpler halinde kesilmiş

3 diş sarımsak

2 YEMEK KAŞIĞI. zeytin yağı

16 ons. 1 inçlik parçalara ayrılmış melek saçlı erişte

32 ons. sebze suyu

1/2 çay kaşığı. Deniz tuzu

1/2 yemek kaşığı. karabiber

2 YEMEK KAŞIĞI. kekik

2 YEMEK KAŞIĞI. kimyon

Biber gevreği, doğranmış serrano chiles veya doğranmış jalapeños (isteğe bağlı)

Garnitür için kişniş, soya ekşi krema ve dilimlenmiş avokado (isteğe bağlı)

Domates, kırmızı soğan, sarımsak ve yağı karıştırın.

Bire aktarın ve orta ateşte pişirin.

Makarna, et suyu, tuz, karabiber, kekik ve kimyon ekleyin.

Biber pullarını, serrano biberlerini ekleyin.

Erişte yumuşayana kadar 13 ½ dakika pişirin ve pişirin.

Kişniş, soya ekşi krema veya avokado ile süsleyin.

vejeteryan pizza

İçindekiler

1 parça vegan naan (Hint gözleme)

2 YEMEK KAŞIĞI. Domates sosu

1/4 su bardağı rendelenmiş vegan mozzarella (Daiya marka)

1/4 su bardağı kıyılmış taze mantar

3 ince domates dilimi

2 vegan Quorn köfte, çözülmüş (dondurulmuşsa) ve küçük parçalar halinde kesilmiş

1 çay kaşığı vegan parmesan

Bir tutam kuru fesleğen

Bir tutam kurutulmuş kekik

½ çay kaşığı. Deniz tuzu

Fırınınızı 350 ° F'ye ısıtın.

Naan'ı bir fırın tepsisine yerleştirin.

Üzerine sosu eşit şekilde yayın ve vegan mozzarella schnitzel'in yarısını serpin.

Mantarları, domates dilimlerini ve vegan köfteleri ekleyin.

Kalan vegan mozzarella dilimleri ile katmanlayın.

Vegan parmesan, fesleğen ve kekik ile hafifçe tatlandırın.

25 dakika pişirin.

Çilek ve Kale Narenciye Salatası

İçindekiler

1 demet karalahana, sapları çıkarılmış ve lokma büyüklüğünde parçalara ayrılmış

1 pound çilek, dilimlenmiş

1/4 su bardağı file badem

pansuman malzemeleri

1 limon suyu

3 yemek kaşığı sızma zeytinyağı

1 YEMEK KAŞIĞI. Bal

1/8 çay kaşığı Deniz tuzu

1/8 çay kaşığı Beyaz biber

3-4 yemek kaşığı. Portakal suyu

Bir kapta lahana, çilek ve bademleri karıştırın.

Tüm sos malzemelerini karıştırıp salatanın üzerine gezdirin.

3 ila 4 porsiyon yapar

Tofu kızartması

1 paket sert tofu, süzülmüş ve püre haline getirilmiş

1/2 limon suyu

1/2 çay kaşığı. Tuz-

1/2 çay kaşığı. zerdeçal

1 YEMEK KAŞIĞI. Sızma zeytinyağı

1/4 su bardağı doğranmış yeşil biber

1/4 su bardağı doğranmış kırmızı soğan

3 diş sarımsak, kıyılmış

1 YEMEK KAŞIĞI. kıyılmış düz yapraklı maydanoz

1 YEMEK KAŞIĞI. vegan pastırma parçaları (isteğe bağlı)

tatmak için biber (isteğe bağlı)

Bir kapta ufalanmış tofu, limon suyu, tuz ve zerdeçalı karıştırın.

Yağı orta-yüksek ateşte ısıtın ve biber, soğan ve sarımsak ekleyin.

2 1/2 dakika veya yumuşayana kadar kızartın.

Tofu karışımını ekleyin ve 15 dakika pişirin.

Maydanoz, soya pastırması parçaları ve biberle süsleyin.

ıspanak tavası

1 paket sert ıspanak, durulanmış ve süzülmüş

1/2 limon suyu

1/2 çay kaşığı. Tuz-

1/2 çay kaşığı. zerdeçal

1 YEMEK KAŞIĞI. Sızma zeytinyağı

1/4 su bardağı doğranmış yeşil biber

1/4 su bardağı doğranmış kırmızı soğan

3 diş sarımsak, kıyılmış

1 YEMEK KAŞIĞI. kıyılmış düz yapraklı maydanoz

1 YEMEK KAŞIĞI. vegan pastırma parçaları (isteğe bağlı)

tatmak için biber (isteğe bağlı)

Bir kapta ıspanak, limon suyu, tuz ve zerdeçalı iyice karıştırın.

Yağı orta-yüksek ateşte ısıtın ve biber, soğan ve sarımsak ekleyin.

2 1/2 dakika veya yumuşayana kadar kızartın.

Tofu karışımını ekleyin ve 15 dakika pişirin.

Maydanoz, soya pastırması parçaları ve biberle süsleyin.

kızarmış su teresi

1 paket sert su teresi, durulanmış ve süzülmüş

1/2 limon suyu

1/2 çay kaşığı. Tuz-

1/2 çay kaşığı. zerdeçal

1 YEMEK KAŞIĞI. Sızma zeytinyağı

1/4 su bardağı doğranmış yeşil biber

1/4 su bardağı doğranmış kırmızı soğan

3 diş sarımsak, kıyılmış

1 YEMEK KAŞIĞI. kıyılmış düz yapraklı maydanoz

1 YEMEK KAŞIĞI. vegan pastırma parçaları (isteğe bağlı)

tatmak için biber (isteğe bağlı)

Bir kapta su teresi, limon suyu, tuz ve zerdeçalı iyice karıştırın.

Yağı orta-yüksek ateşte ısıtın ve biber, soğan ve sarımsak ekleyin.

2 1/2 dakika veya yumuşayana kadar kızartın.

Tofu karışımını ekleyin ve 15 dakika pişirin.

Maydanoz, soya pastırması parçaları ve biberle süsleyin.

Kızarmış lahana

1 paket sert lahana, durulanmış ve süzülmüş

1/2 limon suyu

1/2 çay kaşığı. Tuz-

1/2 çay kaşığı. zerdeçal

1 YEMEK KAŞIĞI. Sızma zeytinyağı

1/4 su bardağı doğranmış yeşil biber

1/4 su bardağı doğranmış kırmızı soğan

3 diş sarımsak, kıyılmış

1 YEMEK KAŞIĞI. kıyılmış düz yapraklı maydanoz

1 YEMEK KAŞIĞI. vegan pastırma parçaları (isteğe bağlı)

tatmak için biber (isteğe bağlı)

Bir kapta lahana, limon suyu, tuz ve zerdeçalı iyice karıştırın.

Yağı orta-yüksek ateşte ısıtın ve biber, soğan ve sarımsak ekleyin.

2 1/2 dakika veya yumuşayana kadar kızartın.

Tofu karışımını ekleyin ve 15 dakika pişirin.

Maydanoz, soya pastırması parçaları ve biberle süsleyin.

Çin lahanası tavada kızartma

1 demet pak choi, durulanmış ve süzülmüş

1/2 çay kaşığı. Tuz-

1/2 çay kaşığı. zerdeçal

1 YEMEK KAŞIĞI. Sızma zeytinyağı

1/4 su bardağı doğranmış yeşil biber

1/4 su bardağı doğranmış kırmızı soğan

3 diş sarımsak, kıyılmış

1 YEMEK KAŞIĞI. kıyılmış düz yapraklı maydanoz

1 YEMEK KAŞIĞI. vegan pastırma parçaları (isteğe bağlı)

tatmak için biber (isteğe bağlı)

Pak choi'yi bir kasede karıştırın ve bolca tuzla baharatlayın.

Yağı orta-yüksek ateşte ısıtın ve biber, soğan ve sarımsak ekleyin.

2 1/2 dakika veya yumuşayana kadar kızartın.

Tofu karışımını ekleyin ve 15 dakika pişirin.

Maydanoz, soya pastırması parçaları ve biberle süsleyin.

Choy sum tavada kızartma

1 demet choi sum, durulanmış ve süzülmüş

1/2 çay kaşığı deniz tuzu

1 YEMEK KAŞIĞI. Susam yağı

1/4 su bardağı doğranmış yeşil biber

1/4 su bardağı doğranmış kırmızı soğan

3 diş sarımsak, kıyılmış

1 YEMEK KAŞIĞI. kıyılmış düz yapraklı maydanoz

1 YEMEK KAŞIĞI. vegan pastırma parçaları (isteğe bağlı)

tatmak için biber (isteğe bağlı)

Bir kapta choi sum ve tuzu iyice karıştırın.

Yağı orta-yüksek ateşte ısıtın ve biber, soğan ve sarımsak ekleyin.

2 1/2 dakika veya yumuşayana kadar kızartın.

Tofu karışımını ekleyin ve 15 dakika pişirin.

Maydanoz, soya pastırması parçaları ve biberle süsleyin.

Brokoli Tavada Kızartma

20 parça brokoli, durulanmış, durulanmış ve süzülmüş

1/2 limon suyu

1/2 çay kaşığı. Tuz-

1/2 çay kaşığı. zerdeçal

1 YEMEK KAŞIĞI. Sızma zeytinyağı

1/4 su bardağı doğranmış yeşil biber

1/4 su bardağı doğranmış kırmızı soğan

3 diş sarımsak, kıyılmış

1 YEMEK KAŞIĞI. kıyılmış düz yapraklı maydanoz

1 YEMEK KAŞIĞI. vegan pastırma parçaları (isteğe bağlı)

tatmak için biber (isteğe bağlı)

Bir kapta brokoli, limon suyu, tuz ve zerdeçalı iyice karıştırın.

Yağı orta-yüksek ateşte ısıtın ve biber, soğan ve sarımsak ekleyin.

2 1/2 dakika veya yumuşayana kadar kızartın.

Tofu karışımını ekleyin ve 15 dakika pişirin.

Maydanoz, soya pastırması parçaları ve biberle süsleyin.

Vegan dolgulu pizza

İçindekiler

1 kutu pizza hamuru (veya kendiniz yapın)

1 blok vegan süt içermeyen mozzarella, şeritler halinde kesilmiş

1/3 su bardağı vegan pizza sosu

1 orta boy domates, ince dilimlenmiş

3 taze fesleğen yaprağı, kabaca doğranmış ve zeytinyağına batırılmış

1 YEMEK KAŞIĞI. Sızma zeytinyağı

Fırınınızı 450°'ye ısıtın.

Pizza hamurunu istediğiniz kalınlıkta açıp hafif yağlanmış ve unlanmış fırın tepsisine dizin.

Vegan mozzarellayı pizzanın kenarlarına yerleştirin ve hamurun kenarlarını her şeridin üzerine sarın ve bir peynir cebi oluşturmak için aşağı doğru bastırın.

Kalan süt ürünü olmayan mozzarellayı doğrayın.

Pizza sosunu hamurun üzerine yayın ve rendelenmiş vegan peynirini serpin.

Domates dilimleri ve fesleğen yaprakları ile süsleyin.

20 dakika veya kabuk güzelce kızarana kadar pişirin.

Vegan Alfredo Sos

1/4 su bardağı vegan margarin

3 diş sarımsak, doğranmış

2 su bardağı pişmiş barbunya fasulyesi, durulanmış ve süzülmüş

1 1/2 bardak şekersiz badem sütü

Tatmak için deniz tuzu ve karabiber

maydanoz (isteğe bağlı)

Vegan margarini kısık ateşte eritin.

Sarımsak ekleyin ve 2 ½ dakika kızartın.

Bir mutfak robotuna yerleştirin, fasulye ve 1 su bardağı badem sütü ekleyin.

Pürüzsüz olana kadar karıştır.

Sosu kısık ateşte tavaya dökün ve tuz ve karabiberle tatlandırın.

Maydanozu ekleyin.

Isınana kadar kaynatın.

Avokado Salatalı Sandviç

1 15 ons Konserve nohut, durulanmış, süzülmüş ve derisi alınmış

1 büyük, olgun avokado

1/4 su bardağı kıyılmış taze kişniş

2 YEMEK KAŞIĞI. doğranmış yeşil soğan

1 misket limonunun suyu

Tatmak için deniz tuzu ve karabiber

seçtiğiniz ekmek

Yeşil salata

domates

Nohut ve avokadoyu çatalla ezin.

Kişniş, yeşil soğan ve limon suyunu ekleyin ve karıştırın

Tuz ve karabiber serpin.

En sevdiğiniz ekmeğin üzerine yayın ve marul ve domatesle süsleyin.

Vegan fajitalar

İçindekiler

1 kutu kızarmış fasulye (15 oz)

1 konserve barbunya fasulyesi (15 ons), süzülmüş ve durulanmış

1/4 fincan salsa

1 adet şeritler halinde kesilmiş kırmızı soğan

1 adet şeritler halinde kesilmiş yeşil biber

2 yemek kaşığı limon suyu

2 çay kaşığı fajita baharat karışımı (aşağıya bakın)

Ekmeği

Fajita baharat karışımı

1 YEMEK KAŞIĞI. Mısır nişastası

2 çay kaşığı toz biber

1 çay kaşığı İspanyol biberi

1 tatlı kaşığı bal

1/2 çay kaşığı deniz tuzu

1/2 çay kaşığı soğan tozu

1/2 çay kaşığı sarımsak tozu

1/2 çay kaşığı öğütülmüş kimyon

1/8 çay kaşığı acı biber

Salsa ve kızarmış fasulyeleri ılık olana kadar pişirin.

Fajita baharatını ekleyin ve karıştırın (2 çay kaşığı bırakın) Küçük bir kapta malzemeleri birleştirin.

Soğan, biber ve 2 çay kaşığı baharat karışımını su ve limon suyunda kızartın

Sıvı buharlaşana ve sebzeler kahverengileşene kadar devam edin.

Fasulyeleri tortilla ortasına koyun.

Kavrulmuş sebzeler ve soslarla doldurun.

Topla ve servis yap.

Tereyağlı Marul ve Domates Salatası

İçindekiler:

8 ons vegan peynir
6 su bardağı tereyağlı marul, 3 demet, doğranmış
1/4 Avrupa veya çekirdeksiz salatalık, uzunlamasına ikiye bölünmüş, sonra ince dilimlenmiş
3 yemek kaşığı kıyılmış veya dilimlenmiş frenk soğanı
16 çeri domates
1/2 su bardağı dilimlenmiş ceviz
1/4 beyaz soğan, dilimlenmiş
2 ila 3 yemek kaşığı kıyılmış tarhun yaprağı
tatmak için biber ve tuz

pansuman

1 küçük arpacık soğan, doğranmış
1 yemek kaşığı damıtılmış beyaz sirke
1/4 limon, suyu sıkılmış, yaklaşık 2 çay kaşığı
1/4 su bardağı sızma zeytinyağı

Hazırlık

Sosu için tüm malzemeleri mutfak robotunda karıştırın.

Kalan malzemelerle birleştirin ve iyice karıştırın.

Frisee Badem Salatası

İçindekiler:

8 ons vegan peynir

6 ila 7 bardak frisee marul, 3 demet, kesilmiş

1/4 Avrupa veya çekirdeksiz salatalık, uzunlamasına ikiye bölünmüş, sonra ince dilimlenmiş

3 yemek kaşığı kıyılmış veya dilimlenmiş frenk soğanı

16 çeri domates

1/2 bardak şeritli badem

1/4 beyaz soğan, dilimlenmiş

2 ila 3 yemek kaşığı kıyılmış tarhun yaprağı

tatmak için biber ve tuz

pansuman

1 küçük arpacık soğan, doğranmış

1 yemek kaşığı damıtılmış beyaz sirke

1/4 limon, suyu sıkılmış, yaklaşık 2 çay kaşığı

1/4 su bardağı sızma zeytinyağı

Hazırlık

Sosu için tüm malzemeleri mutfak robotunda karıştırın.

Kalan malzemelerle birleştirin ve iyice karıştırın.

Romaine Marul ve Kaju Salatası

İçindekiler:

8 ons vegan peynir

6 ila 7 bardak marul, 3 demet, kesilmiş

1/4 Avrupa veya çekirdeksiz salatalık, uzunlamasına ikiye bölünmüş, sonra ince dilimlenmiş

3 yemek kaşığı kıyılmış veya dilimlenmiş frenk soğanı

16 çeri domates

1/2 su bardağı kaju fıstığı, dilimlenmiş

1/4 beyaz soğan, dilimlenmiş

2 ila 3 yemek kaşığı kıyılmış biberiye yaprağı

tatmak için biber ve tuz

pansuman

1 küçük arpacık soğan, doğranmış

1 yemek kaşığı damıtılmış beyaz sirke

1/4 limon, suyu sıkılmış, yaklaşık 2 çay kaşığı

1/4 su bardağı sızma zeytinyağı

Hazırlık

Sosu için tüm malzemeleri mutfak robotunda karıştırın.

Kalan malzemelerle birleştirin ve iyice karıştırın.

Iceberg marul ve fıstık salatası

İçindekiler:

6 ila 7 bardak iceberg marul, 3 demet, kesilmiş

1/4 çekirdeksiz salatalık, boyuna ikiye bölünmüş, sonra ince dilimlenmiş

3 yemek kaşığı kıyılmış veya dilimlenmiş frenk soğanı

16 küçük domates

1/2 su bardağı fıstık

1/4 Vidalla soğan, dilimlenmiş

2 ila 3 yemek kaşığı kıyılmış kekik yaprağı

tatmak için biber ve tuz

8 ons vegan peynir

pansuman

1 küçük arpacık soğan, doğranmış

1 yemek kaşığı damıtılmış beyaz sirke

1/4 limon, suyu sıkılmış, yaklaşık 2 çay kaşığı

1/4 su bardağı sızma zeytinyağı

½ çay kaşığı. İngiliz hardalı

Hazırlık

Sosu için tüm malzemeleri mutfak robotunda karıştırın.

Kalan malzemelerle birleştirin ve iyice karıştırın.

Frisee ve cevizli salata

İçindekiler:

7 su bardağı frisee marul, 3 demet, kesilmiş

1/4 salatalık, boyuna ikiye bölünmüş, sonra ince dilimlenmiş

3 yemek kaşığı kıyılmış veya dilimlenmiş frenk soğanı

16 çeri domates

1/2 su bardağı kıyılmış ceviz

1/4 beyaz soğan, dilimlenmiş

2 ila 3 yemek kaşığı kıyılmış tarhun yaprağı

tatmak için biber ve tuz

8 ons vegan peynir

pansuman

1 küçük taze soğan, doğranmış

1 yemek kaşığı damıtılmış beyaz sirke

1/4 limon, suyu sıkılmış, yaklaşık 2 çay kaşığı

1/4 su bardağı sızma zeytinyağı

Hazırlık

Sosu için tüm malzemeleri mutfak robotunda karıştırın.

Kalan malzemelerle birleştirin ve iyice karıştırın.

Tereyağlı Marul ve Ceviz Salatası

İçindekiler:

6 ila 7 bardak yağlı marul, 3 demet, kesilmiş

1/4 Avrupa veya çekirdeksiz salatalık, uzunlamasına ikiye bölünmüş, sonra ince dilimlenmiş

3 yemek kaşığı kıyılmış veya dilimlenmiş frenk soğanı

16 çeri domates

1/2 su bardağı dilimlenmiş ceviz

1/4 kırmızı soğan, dilimlenmiş

2 ila 3 yemek kaşığı kıyılmış tarhun yaprağı

tatmak için biber ve tuz

8 ons vegan peynir

pansuman

1 küçük arpacık soğan, doğranmış

1 yemek kaşığı damıtılmış beyaz sirke

1/4 limon, suyu sıkılmış, yaklaşık 2 çay kaşığı

1/4 su bardağı sızma zeytinyağı

1 YEMEK KAŞIĞI. yumurtasız mayonez

Hazırlık

Sosu için tüm malzemeleri mutfak robotunda karıştırın.

Kalan malzemelerle birleştirin ve iyice karıştırın.

Çeri domatesli ve bademli marullu marul

İçindekiler:

6 ila 7 bardak marul, 3 demet, kesilmiş

1/4 Avrupa veya çekirdeksiz salatalık, uzunlamasına ikiye bölünmüş, sonra ince dilimlenmiş

3 yemek kaşığı kıyılmış veya dilimlenmiş frenk soğanı

16 çeri domates

1/2 bardak şeritli badem

1/4 beyaz soğan, dilimlenmiş

2 ÇAY KAŞIK. Provence otları

tatmak için biber ve tuz

6 ons vegan peynir

pansuman

1 küçük arpacık soğan, doğranmış

1 yemek kaşığı damıtılmış beyaz sirke

1/4 limon, suyu sıkılmış, yaklaşık 2 çay kaşığı

1/4 su bardağı sızma zeytinyağı

Hazırlık

Sosu için tüm malzemeleri mutfak robotunda karıştırın.

Kalan malzemelerle birleştirin ve iyice karıştırın.

Bibb Salata Domates ve cevizli salata

İçindekiler:

7 su bardağı marul, 3 demet, doğranmış

1/4 Avrupa veya çekirdeksiz salatalık, uzunlamasına ikiye bölünmüş, sonra ince dilimlenmiş

3 yemek kaşığı kıyılmış veya dilimlenmiş frenk soğanı

16 çeri domates

1/2 su bardağı dilimlenmiş ceviz

1/4 beyaz soğan, dilimlenmiş

2 ila 3 yemek kaşığı kıyılmış tarhun yaprağı

tatmak için biber ve tuz

8 ons vegan peynir

pansuman

1 küçük arpacık soğan, doğranmış

1 yemek kaşığı damıtılmış beyaz sirke

1/4 limon, suyu sıkılmış, yaklaşık 2 çay kaşığı

1/4 su bardağı sızma zeytinyağı

Yumurtasız mayonez

Hazırlık

Sosu için tüm malzemeleri mutfak robotunda karıştırın.

Kalan malzemelerle birleştirin ve iyice karıştırın.

Boston Marul Domates Badem Salatası

İçindekiler:

6 bardak Boston marul, 3 demet, kesilmiş

1/4 Avrupa veya çekirdeksiz salatalık, uzunlamasına ikiye bölünmüş, sonra ince dilimlenmiş

3 yemek kaşığı kıyılmış veya dilimlenmiş frenk soğanı

16 çeri domates

1/2 bardak şeritli badem

1/4 kırmızı soğan, dilimlenmiş

2 ila 3 yemek kaşığı kıyılmış tarhun yaprağı

tatmak için biber ve tuz

8 ons vegan peynir

pansuman

1 küçük arpacık soğan, doğranmış

1 yemek kaşığı damıtılmış beyaz sirke

1/4 limon, suyu sıkılmış, yaklaşık 2 çay kaşığı

1/4 su bardağı sızma zeytinyağı

1 çay kaşığı Dijon hardalı

Hazırlık

Sosu için tüm malzemeleri mutfak robotunda karıştırın.

Kalan malzemelerle birleştirin ve iyice karıştırın.

Kök Marul Salatalık Badem Salatası

İçindekiler:

6 ila 7 su bardağı marul sapı, 3 demet, kesilmiş

1/4 salatalık, boyuna ikiye bölünmüş, sonra ince dilimlenmiş

3 yemek kaşığı kıyılmış veya dilimlenmiş frenk soğanı

2 mango, doğranmış

1/2 bardak şeritli badem

1/4 beyaz soğan, dilimlenmiş

2 ila 3 yemek kaşığı kıyılmış tarhun yaprağı

tatmak için biber ve tuz

8 ons vegan peynir

pansuman

1 küçük arpacık soğan, doğranmış

1 yemek kaşığı damıtılmış beyaz sirke

1/4 misket limonu, suyu sıkılmış, yaklaşık 2 çay kaşığı

1/4 su bardağı sızma zeytinyağı

1 YEMEK KAŞIĞI. Bal

1 çay kaşığı İngiliz hardalı

Hazırlık

Sosu için tüm malzemeleri mutfak robotunda karıştırın.

Kalan malzemelerle birleştirin ve iyice karıştırın.

Çeri domatesli sap salatası ve macadamia fıstığı salatası

İçindekiler:

7 bardak saplı marul, 3 demet, kesilmiş
1/4 Avrupa veya çekirdeksiz salatalık, uzunlamasına ikiye bölünmüş, sonra ince dilimlenmiş
3 yemek kaşığı kıyılmış veya dilimlenmiş frenk soğanı
16 çeri domates
1/2 su bardağı macadamia fıstığı
1/4 kırmızı soğan, dilimlenmiş
2 ila 3 yemek kaşığı taze kekik
tatmak için biber ve tuz
8 ons vegan peynir

pansuman

1 küçük arpacık soğan, doğranmış
1 yemek kaşığı damıtılmış beyaz sirke
1/4 limon, suyu sıkılmış, yaklaşık 2 çay kaşığı
1/4 su bardağı sızma zeytinyağı
1 YEMEK KAŞIĞI. Bal
1 çay kaşığı Dijon hardalı

Hazırlık

Sosu için tüm malzemeleri mutfak robotunda karıştırın.

Kalan malzemelerle birleştirin ve iyice karıştırın.

Tereyağlı marul çeri domates ve kaju marul

İçindekiler:

7 su bardağı tereyağlı marul, 3 demet, doğranmış

1/4 Avrupa veya çekirdeksiz salatalık, uzunlamasına ikiye bölünmüş, sonra ince dilimlenmiş

3 yemek kaşığı kıyılmış veya dilimlenmiş frenk soğanı

15 çeri domates

1/2 su bardağı kaju fıstığı

1/4 beyaz soğan, dilimlenmiş

2 ila 3 yemek kaşığı kıyılmış tarhun yaprağı

tatmak için biber ve tuz

8 ons vegan peynir

pansuman

1 küçük arpacık soğan, doğranmış

1 yemek kaşığı damıtılmış beyaz sirke

1/4 limon, suyu sıkılmış, yaklaşık 2 çay kaşığı

1/4 su bardağı sızma zeytinyağı

Hazırlık

Sosu için tüm malzemeleri mutfak robotunda karıştırın.

Kalan malzemelerle birleştirin ve iyice karıştırın.

Romaine marul, çeri domates ve macadamia fıstığı salatası

İçindekiler:

6 ½ su bardağı marul, 3 demet, doğranmış

1/4 Avrupa veya çekirdeksiz salatalık, uzunlamasına ikiye bölünmüş, sonra ince dilimlenmiş

3 yemek kaşığı kıyılmış veya dilimlenmiş frenk soğanı

16 çeri domates

1/2 su bardağı macadamia fıstığı

1/4 beyaz soğan, dilimlenmiş

2 ila 3 yemek kaşığı kıyılmış tarhun yaprağı

tatmak için biber ve tuz

8 ons vegan peynir

pansuman

1 küçük arpacık soğan, doğranmış

1 yemek kaşığı damıtılmış beyaz sirke

1/4 limon, suyu sıkılmış, yaklaşık 2 çay kaşığı

1/4 su bardağı sızma zeytinyağı

Hazırlık

Sosu için tüm malzemeleri mutfak robotunda karıştırın. Kalan malzemelerle birleştirin ve iyice karıştırın.

Iceberg Marul Elma ve Ceviz Salatası

İçindekiler:

8 ons vegan peynir

6 ila 7 bardak iceberg marul, 3 demet, kesilmiş

1/4 Avrupa veya çekirdeksiz salatalık, uzunlamasına ikiye bölünmüş, sonra ince dilimlenmiş

3 yemek kaşığı kıyılmış veya dilimlenmiş frenk soğanı

2 elma, özlü ve 2 inçlik küpler halinde doğranmış

1/2 su bardağı dilimlenmiş ceviz

1/4 beyaz soğan, dilimlenmiş

2 ila 3 yemek kaşığı kıyılmış tarhun yaprağı

tatmak için biber ve tuz

pansuman

1 küçük arpacık soğan, doğranmış

2 yemek kaşığı damıtılmış beyaz sirke

1/4 su bardağı susam yağı

1 çay kaşığı bal

½ çay kaşığı. yumurtasız mayonez

Hazırlık

Sosu için tüm malzemeleri mutfak robotunda karıştırın.

Kalan malzemelerle birleştirin ve iyice karıştırın.

Marul domates ve badem salatası

İçindekiler:

8 ons vegan peynir

7 bardak gevşek yaprak marul, 3 demet, kesilmiş

1/4 Avrupa veya çekirdeksiz salatalık, uzunlamasına ikiye bölünmüş, sonra ince dilimlenmiş

3 yemek kaşığı kıyılmış veya dilimlenmiş frenk soğanı

16 çeri domates

1/2 bardak şeritli badem

1/4 kırmızı soğan, dilimlenmiş

2 ila 3 yemek kaşığı kıyılmış kekik

tatmak için biber ve tuz

pansuman

1 küçük arpacık soğan, doğranmış

1 yemek kaşığı damıtılmış beyaz sirke

1/4 limon, suyu sıkılmış, yaklaşık 2 çay kaşığı

1/4 su bardağı sızma zeytinyağı

1 YEMEK KAŞIĞI. yumurtasız mayonez

Hazırlık

Sosu için tüm malzemeleri mutfak robotunda karıştırın.

Kalan malzemelerle birleştirin ve iyice karıştırın.

Frisee kirazları ve macadamia fıstığı salatası

İçindekiler:

6 ila 7 bardak frisee marul, 3 demet, kesilmiş

1/4 Avrupa veya çekirdeksiz salatalık, uzunlamasına ikiye bölünmüş, sonra ince dilimlenmiş

3 yemek kaşığı kıyılmış veya dilimlenmiş frenk soğanı

16 kiraz, çekirdeği çıkarılmış

1/2 su bardağı macadamia fıstığı

1/4 kırmızı soğan, dilimlenmiş

2 ila 3 yemek kaşığı kıyılmış tarhun yaprağı

Tatmak için deniz tuzu ve karabiber

8 ons vegan peynir

pansuman

1 YEMEK KAŞIĞI. frenk soğanı, dilimlenmiş

1 yemek kaşığı damıtılmış beyaz sirke

1/4 limon, suyu sıkılmış, yaklaşık 2 çay kaşığı

1/4 su bardağı sızma zeytinyağı

1 YEMEK KAŞIĞI. Bal

Hazırlık

Sosu için tüm malzemeleri mutfak robotunda karıştırın.

Kalan malzemelerle birleştirin ve iyice karıştırın.

Romaine Üzüm ve Ceviz Salatası

İçindekiler:

7 adet gevşek marul, 3 demet, kesilmiş
1/4 salatalık, boyuna ikiye bölünmüş, sonra ince dilimlenmiş
4 yemek kaşığı kıyılmış veya dilimlenmiş frenk soğanı
16 üzüm
1/2 su bardağı dilimlenmiş ceviz
1/4 beyaz soğan, dilimlenmiş
tatmak için biber ve tuz

pansuman
2 yemek kaşığı damıtılmış beyaz sirke
1/4 su bardağı susam yağı
1 çay kaşığı Hoisin sosu

Hazırlık
Sosu için tüm malzemeleri mutfak robotunda karıştırın.

Kalan malzemelerle birleştirin ve iyice karıştırın.

Kiraz domatesli tereyağlı salata ve Tay fesleğen salatası

İçindekiler:

6 ila 7 bardak tereyağlı marul, 3 demet, kesilmiş

1/4 Avrupa veya çekirdeksiz salatalık, uzunlamasına ikiye bölünmüş, sonra ince dilimlenmiş

3 yemek kaşığı kıyılmış veya dilimlenmiş frenk soğanı

16 çeri domates

1/2 su bardağı ceviz

1/4 beyaz soğan, dilimlenmiş

2 ila 3 yemek kaşığı kıyılmış Tay fesleğen

tatmak için biber ve tuz

pansuman

1 küçük taze soğan, doğranmış

1 yemek kaşığı damıtılmış beyaz sirke

1/4 su bardağı susam yağı

1 YEMEK KAŞIĞI. Sambal Ölek

Hazırlık

Sosu için tüm malzemeleri mutfak robotunda karıştırın.

Kalan malzemelerle birleştirin ve iyice karıştırın.

Dumanlı marul ve tarhun salatası

İçindekiler:

8 ons vegan peynir

6 ila 7 bardak gevşek yapraklı marul, 3 demet, kesilmiş

1/4 Avrupa veya çekirdeksiz salatalık, uzunlamasına ikiye bölünmüş, sonra ince dilimlenmiş

3 yemek kaşığı kıyılmış veya dilimlenmiş frenk soğanı

16 çeri domates

1/2 bardak şeritli badem

1/4 beyaz soğan, dilimlenmiş

2 ila 3 yemek kaşığı kıyılmış tarhun yaprağı

tatmak için biber ve tuz

pansuman

1 çay kaşığı kimyon

1 çay kaşığı Annatto tohumları

1/2 çay kaşığı. kırmızı biber

1 yemek kaşığı damıtılmış beyaz sirke

1/4 misket limonu, suyu sıkılmış, yaklaşık 2 çay kaşığı

1/4 su bardağı sızma zeytinyağı

Hazırlık

Sosu için tüm malzemeleri mutfak robotunda karıştırın.

Kalan malzemelerle birleştirin ve iyice karıştırın.

Marul Nane ve Kaju Salatası

İçindekiler:

6 ila 7 bardak gevşek yapraklı marul, 3 demet, kesilmiş

1/4 Avrupa veya çekirdeksiz salatalık, uzunlamasına ikiye bölünmüş, sonra ince dilimlenmiş

3 yemek kaşığı kıyılmış veya dilimlenmiş frenk soğanı

16 üzüm

1/2 su bardağı kaju fıstığı

1/4 kırmızı soğan, dilimlenmiş

2 ila 3 yemek kaşığı kıyılmış nane yaprağı

tatmak için biber ve tuz

8 ons vegan peynir

pansuman

1 küçük arpacık soğan, doğranmış

1 yemek kaşığı damıtılmış beyaz sirke

1/4 misket limonu, suyu sıkılmış, yaklaşık 2 çay kaşığı

1/4 su bardağı sızma zeytinyağı

1 çay kaşığı Bal

Hazırlık

Sosu için tüm malzemeleri mutfak robotunda karıştırın.

Kalan malzemelerle birleştirin ve iyice karıştırın.

Domates ve Fıstık Salatası

İçindekiler:

6 ila 7 bardak marul, 3 demet, kesilmiş

1/4 Avrupa veya çekirdeksiz salatalık, uzunlamasına ikiye bölünmüş, sonra ince dilimlenmiş

3 yemek kaşığı kıyılmış veya dilimlenmiş frenk soğanı

16 çeri domates

1/2 bardak dilimlenmiş fıstık

1/4 sarı soğan, dilimlenmiş

tatmak için biber ve tuz

8 ons vegan peynir

pansuman

1 küçük arpacık soğan, doğranmış

1 yemek kaşığı damıtılmış beyaz sirke

1/4 limon, suyu sıkılmış, yaklaşık 2 çay kaşığı

1/4 su bardağı sızma zeytinyağı

Hazırlık

Sosu için tüm malzemeleri mutfak robotunda karıştırın.

Kalan malzemelerle birleştirin ve iyice karıştırın.

Tereyağlı Marul Portakallı Badem Salatası

İçindekiler:

6 ila 7 bardak yağlı marul, 3 demet, kesilmiş

1/4 salatalık, boyuna ikiye bölünmüş, sonra ince dilimlenmiş

3 yemek kaşığı kıyılmış veya dilimlenmiş nane yaprağı

8 dilim mandalina, derisi soyulmuş ve ikiye bölünmüş

1/2 bardak şeritli badem

1/4 beyaz soğan, dilimlenmiş

tatmak için biber ve tuz

8 ons vegan peynir

pansuman

1 küçük arpacık soğan, doğranmış

1 yemek kaşığı damıtılmış beyaz sirke

1/4 misket limonu, suyu sıkılmış, yaklaşık 2 çay kaşığı

1/4 su bardağı susam yağı

1 YEMEK KAŞIĞI. Bal

Hazırlık

Sosu için tüm malzemeleri mutfak robotunda karıştırın.

Kalan malzemelerle birleştirin ve iyice karıştırın.

Kolay Marul Domates Badem Salatası

İçindekiler:

6 ila 7 bardak iceberg marul, 3 demet, kesilmiş

1/4 Avrupa veya çekirdeksiz salatalık, uzunlamasına ikiye bölünmüş, sonra ince dilimlenmiş

3 yemek kaşığı kıyılmış veya dilimlenmiş frenk soğanı

16 çeri domates

1/2 bardak şeritli badem

1/4 kırmızı soğan, dilimlenmiş

2 dal taze biberiye

tatmak için biber ve tuz

8 ons vegan peynir

pansuman

1 küçük taze soğan, doğranmış

1 yemek kaşığı damıtılmış beyaz sirke

1/4 limon, suyu sıkılmış, yaklaşık 2 çay kaşığı

1/4 su bardağı sızma zeytinyağı

1 yumurtasız mayonez

Hazırlık

Sosu için tüm malzemeleri mutfak robotunda karıştırın.

Kalan malzemelerle birleştirin ve iyice karıştırın.

Romaine Marul Domates ve Fındık Salatası

İçindekiler:

6 ila 7 bardak marul, 3 demet, kesilmiş

1/4 Avrupa veya çekirdeksiz salatalık, uzunlamasına ikiye bölünmüş, sonra ince dilimlenmiş

3 yemek kaşığı kıyılmış veya dilimlenmiş frenk soğanı

16 çeri domates

1/2 su bardağı fındık

10 adet çekirdeksiz siyah üzüm

2 ila 3 yemek kaşığı kıyılmış tarhun yaprağı

tatmak için biber ve tuz

8 ons vegan peynir

pansuman

1 küçük arpacık soğan, doğranmış

1 yemek kaşığı damıtılmış beyaz sirke

1/4 limon, suyu sıkılmış, yaklaşık 2 çay kaşığı

1/4 su bardağı sızma zeytinyağı

1 YEMEK KAŞIĞI. Bal

Hazırlık

Sosu için tüm malzemeleri mutfak robotunda karıştırın.

Kalan malzemelerle birleştirin ve iyice karıştırın.

Frisee Salatası Soğan ve tarhun salatası

İçindekiler:

8 ons vegan peynir

6 ila 7 bardak frisee marul, 3 demet, kesilmiş

1/4 Avrupa veya çekirdeksiz salatalık, uzunlamasına ikiye bölünmüş, sonra ince dilimlenmiş

3 yemek kaşığı kıyılmış veya dilimlenmiş frenk soğanı

16 çeri domates

1/2 bardak şeritli badem

1/4 beyaz soğan, dilimlenmiş

2 ila 3 yemek kaşığı kıyılmış tarhun yaprağı

tatmak için biber ve tuz

pansuman

1 küçük arpacık soğan, doğranmış

1 yemek kaşığı damıtılmış beyaz sirke

1/4 limon, suyu sıkılmış, yaklaşık 2 çay kaşığı

1/4 su bardağı sızma zeytinyağı

Hazırlık

Sosu için tüm malzemeleri mutfak robotunda karıştırın.

Kalan malzemelerle birleştirin ve iyice karıştırın.

Frisee Domates Badem Tarhun Salatası

İçindekiler:

8 ons vegan peynir

6 ila 7 bardak frisee marul, 3 demet, kesilmiş

1/4 Avrupa veya çekirdeksiz salatalık, uzunlamasına ikiye bölünmüş, sonra ince dilimlenmiş

3 yemek kaşığı kıyılmış veya dilimlenmiş frenk soğanı

16 çeri domates

1/2 bardak şeritli badem

1/4 beyaz soğan, dilimlenmiş

2 ila 3 yemek kaşığı kıyılmış tarhun yaprağı

tatmak için biber ve tuz

pansuman

1 küçük arpacık soğan, doğranmış

1 yemek kaşığı damıtılmış beyaz sirke

1/4 limon, suyu sıkılmış, yaklaşık 2 çay kaşığı

1/4 su bardağı sızma zeytinyağı

Hazırlık

Sosu için tüm malzemeleri mutfak robotunda karıştırın.

Kalan malzemelerle birleştirin ve iyice karıştırın.

Frisee domates ve fındık salatası

İçindekiler:

8 ons vegan peynir

6 ila 7 bardak frisee marul, 3 demet, kesilmiş

1/4 Avrupa veya çekirdeksiz salatalık, uzunlamasına ikiye bölünmüş, sonra ince dilimlenmiş

3 yemek kaşığı kıyılmış veya dilimlenmiş frenk soğanı

16 çeri domates

1/2 su bardağı kıyılmış fındık

1/4 beyaz soğan, dilimlenmiş

2 ila 3 yemek kaşığı kıyılmış tarhun yaprağı

tatmak için biber ve tuz

pansuman

1 küçük arpacık soğan, doğranmış

1 yemek kaşığı damıtılmış beyaz sirke

1/4 limon, suyu sıkılmış, yaklaşık 2 çay kaşığı

1/4 su bardağı sızma zeytinyağı

Hazırlık

Sosu için tüm malzemeleri mutfak robotunda karıştırın.

Kalan malzemelerle birleştirin ve iyice karıştırın.

Frisee ve kabak salatası

İçindekiler:
8 ons vegan peynir

6 ila 7 bardak frisee marul, 3 demet, kesilmiş

1/4 kabak, boyuna ikiye bölünmüş, sonra ince dilimlenmiş

16 çeri domates

1/2 bardak şeritli badem

1/4 beyaz soğan, dilimlenmiş

2 ila 3 yemek kaşığı kıyılmış tarhun yaprağı

tatmak için biber ve tuz

pansuman
1 küçük arpacık soğan, doğranmış

1 yemek kaşığı damıtılmış beyaz sirke

1/4 limon, suyu sıkılmış, yaklaşık 2 çay kaşığı

1/4 su bardağı sızma zeytinyağı

Hazırlık
Sosu için tüm malzemeleri mutfak robotunda karıştırın.

Kalan malzemelerle birleştirin ve iyice karıştırın.

Romaine Marul ve Fındık Salatası

İçindekiler:

8 ons vegan peynir

6 ila 7 bardak marul, 3 demet, kesilmiş

1/4 Avrupa veya çekirdeksiz salatalık, uzunlamasına ikiye bölünmüş, sonra ince dilimlenmiş

3 yemek kaşığı kıyılmış veya dilimlenmiş frenk soğanı

16 çeri domates

1/2 su bardağı kıyılmış fındık

1/4 beyaz soğan, dilimlenmiş

2 ila 3 yemek kaşığı kıyılmış tarhun yaprağı

tatmak için biber ve tuz

pansuman

1 küçük arpacık soğan, doğranmış

1 yemek kaşığı damıtılmış beyaz sirke

1/4 limon, suyu sıkılmış, yaklaşık 2 çay kaşığı

1/4 su bardağı sızma zeytinyağı

Hazırlık

Sosu için tüm malzemeleri mutfak robotunda karıştırın.

Kalan malzemelerle birleştirin ve iyice karıştırın.

Iceberg marul domates ve badem salatası

İçindekiler:
8 ons vegan peynir
6 ila 7 bardak iceberg marul, 3 demet, kesilmiş
1/4 Avrupa veya çekirdeksiz salatalık, uzunlamasına ikiye bölünmüş, sonra ince dilimlenmiş
3 yemek kaşığı kıyılmış veya dilimlenmiş frenk soğanı
16 çeri domates
1/2 bardak şeritli badem
1/4 beyaz soğan, dilimlenmiş
2 ila 3 yemek kaşığı kıyılmış tarhun yaprağı
tatmak için biber ve tuz

pansuman
1 küçük arpacık soğan, doğranmış
1 yemek kaşığı damıtılmış beyaz sirke
1/4 limon, suyu sıkılmış, yaklaşık 2 çay kaşığı
1/4 su bardağı sızma zeytinyağı

Hazırlık
Sosu için tüm malzemeleri mutfak robotunda karıştırın.

Kalan malzemelerle birleştirin ve iyice karıştırın.

Frisee ve beyaz peynir salatası

İçindekiler:

6 ila 7 bardak yağlı marul, 3 demet, kesilmiş

1/4 çekirdeksiz salatalık, boyuna ikiye bölünmüş, sonra ince dilimlenmiş

3 yemek kaşığı kıyılmış veya dilimlenmiş frenk soğanı

16 çeri domates

1/2 bardak antep fıstığı

1/4 beyaz soğan, dilimlenmiş

2 ila 3 yemek kaşığı kıyılmış tarhun yaprağı

tatmak için biber ve tuz

8 ons vegan peynir

pansuman

1 küçük arpacık soğan, doğranmış

1 yemek kaşığı damıtılmış beyaz sirke

1/4 limon, suyu sıkılmış, yaklaşık 2 çay kaşığı

1/4 su bardağı sızma zeytinyağı

1 YEMEK KAŞIĞI. pesto Sos

Hazırlık

Sosu için tüm malzemeleri mutfak robotunda karıştırın.

Kalan malzemelerle birleştirin ve iyice karıştırın.

Frisee ve beyaz peynir salatası

İçindekiler:

6 ila 7 bardak marul, 3 demet, kesilmiş

1/4 Avrupa veya çekirdeksiz salatalık, uzunlamasına ikiye bölünmüş, sonra ince dilimlenmiş

3 yemek kaşığı kıyılmış veya dilimlenmiş frenk soğanı

16 çeri domates

1/2 su bardağı macadamia fıstığı

1/4 kırmızı soğan, dilimlenmiş

tatmak için biber ve tuz

5 ons vegan peynir

pansuman

1 küçük arpacık soğan, doğranmış

1 yemek kaşığı damıtılmış beyaz sirke

1/4 limon, suyu sıkılmış, yaklaşık 2 çay kaşığı

1/4 su bardağı sızma zeytinyağı

1 YEMEK KAŞIĞI. pesto Sos

Hazırlık

Sosu için tüm malzemeleri mutfak robotunda karıştırın.

Kalan malzemelerle birleştirin ve iyice karıştırın.

Fesleğen salatası ve vegan peynir

İçindekiler:

6 ila 7 bardak gevşek yapraklı marul, 3 demet, kesilmiş

1/4 salatalık, boyuna ikiye bölünmüş, sonra ince dilimlenmiş

16 çeri domates

1/4 kırmızı soğan, dilimlenmiş

2 ila 3 yemek kaşığı kıyılmış taze fesleğen

tatmak için biber ve tuz

8 ons vegan peynir

pansuman

1 küçük arpacık soğan, doğranmış

1 yemek kaşığı damıtılmış beyaz sirke

1/4 limon, suyu sıkılmış, yaklaşık 2 çay kaşığı

1/4 su bardağı sızma zeytinyağı

Hazırlık

Sosu için tüm malzemeleri mutfak robotunda karıştırın.

Kalan malzemelerle birleştirin ve iyice karıştırın.

Romaine Marul ve Fıstık Salatası

İçindekiler:

8 ons vegan peynir

6 ila 7 bardak marul, 3 demet, kesilmiş

1/4 Avrupa veya çekirdeksiz salatalık, uzunlamasına ikiye bölünmüş, sonra ince dilimlenmiş

3 yemek kaşığı kıyılmış veya dilimlenmiş frenk soğanı

16 çeri domates

1/2 su bardağı kıyılmış fıstık

1/4 Vidalla soğan, dilimlenmiş

2 ila 3 yemek kaşığı kıyılmış tarhun yaprağı

tatmak için biber ve tuz

pansuman

1 küçük arpacık soğan, doğranmış

1 yemek kaşığı damıtılmış beyaz sirke

1/4 limon, suyu sıkılmış, yaklaşık 2 çay kaşığı

1/4 su bardağı sızma zeytinyağı

Hazırlık

Sosu için tüm malzemeleri mutfak robotunda karıştırın.

Kalan malzemelerle birleştirin ve iyice karıştırın.

Macadamia Fındık Yağı Vinaigrette Frisee Salatası Domates ve Soğan

İçindekiler:

6 ila 7 bardak frisee marul, 3 demet, kesilmiş

1/4 salatalık, boyuna ikiye bölünmüş, sonra ince dilimlenmiş

3 yemek kaşığı kıyılmış veya dilimlenmiş frenk soğanı

16 çeri domates

1/2 bardak şeritli badem

1/4 kırmızı soğan, dilimlenmiş

2 ila 3 yemek kaşığı kıyılmış maydanoz

tatmak için biber ve tuz

8 ons vegan peynir

pansuman

1 küçük taze soğan, doğranmış

1 yemek kaşığı damıtılmış beyaz sirke

1/4 limon, suyu sıkılmış, yaklaşık 2 çay kaşığı

1/4 su bardağı macadamia fındık yağı

Hazırlık

Sosu için tüm malzemeleri mutfak robotunda karıştırın.

Kalan malzemelerle birleştirin ve iyice karıştırın.

Romaine marul domates ve antep fıstığı

İçindekiler:

8 ons vegan peynir

6 ila 7 bardak marul, 3 demet, kesilmiş

1/4 Avrupa veya çekirdeksiz salatalık, uzunlamasına ikiye bölünmüş, sonra ince dilimlenmiş

3 yemek kaşığı kıyılmış veya dilimlenmiş frenk soğanı

16 çeri domates

1/2 bardak antep fıstığı

1/4 kırmızı soğan, dilimlenmiş

tatmak için biber ve tuz

pansuman

1 küçük arpacık soğan, doğranmış

1 yemek kaşığı damıtılmış beyaz sirke

1/4 limon, suyu sıkılmış, yaklaşık 2 çay kaşığı

1/4 su bardağı sızma zeytinyağı

Hazırlık

Sosu için tüm malzemeleri mutfak robotunda karıştırın.

Kalan malzemelerle birleştirin ve iyice karıştırın.

Izgara Karnabahar Domates Salatası

İçindekiler:
5 karnabahar çiçeği

5 Brüksel lahanası

4 büyük domates, kalın dilimlenmiş

¼ su bardağı sızma zeytinyağı

pansuman malzemeleri

6 yemek kaşığı zeytin yağı

1 çay kaşığı sarımsak tozu

tatmak için deniz tuzu

3 yemek kaşığı. damıtılmış beyaz sirke

1 çay kaşığı Yumurtasız mayonez

Hazırlık
Izgarayı orta-yüksek dereceye kadar önceden ısıtın.

Sebzeleri ¼ fincan yağ ile fırçalayın.

Bir aşçı

Tuz ve karabiber serpin ve 4 dakika ızgara yapın. Sayfa başına.

Sebzelerdeki ızgara izlerini almak için bir kez çevirin.

Tüm pansuman malzemelerini birlikte karıştırın.

Sebzelerin üzerine gezdirin.

Izgara lahana ve yeşil fasulye salatası

İçindekiler:

8 yeşil fasulye

1 demet lahana, durulanmış ve süzülmüş

¼ su bardağı sızma zeytinyağı

pansuman

2 YEMEK KAŞIĞI. macadamia fındık yağı

Biftek Çeşnisi, McCormick

3 yemek kaşığı. Kuru şeri

1 YEMEK KAŞIĞI. kurutulmuş kekik

Hazırlık

Izgarayı orta-yüksek dereceye kadar önceden ısıtın.

Sebzeleri ¼ fincan yağ ile fırçalayın.

Bir aşçı

Tuz ve karabiber serpin ve 4 dakika ızgara yapın. Sayfa başına.

Sebzelerdeki ızgara izlerini almak için bir kez çevirin.

Tüm pansuman malzemelerini birlikte karıştırın.

Sebzelerin üzerine gezdirin.

Izgara Fasulye ve Karnabahar Salatası

İçindekiler:

8 yeşil fasulye

7 brokoli çiçeği

12 ons patlıcan (toplamda yaklaşık 12 ons), 1/2 inç kalınlığında dikdörtgenler halinde uzunlamasına dilimlenmiş

4 büyük domates, kalın dilimlenmiş

5 karnabahar çiçeği

¼ fincan macadamia fındık yağı

pansuman malzemeleri

6 yemek kaşığı Sızma zeytinyağı

tatmak için deniz tuzu

3 yemek kaşığı. Elma sirkesi

1 YEMEK KAŞIĞI. Bal

1 çay kaşığı Yumurtasız mayonez

Hazırlık

Izgarayı orta-yüksek dereceye kadar önceden ısıtın.

Sebzeleri ¼ fincan yağ ile fırçalayın.

Bir aşçı

Tuz ve karabiber serpin ve 4 dakika ızgara yapın. Sayfa başına.

Sebzelerdeki ızgara izlerini almak için bir kez çevirin.

Tüm pansuman malzemelerini birlikte karıştırın.

Sebzelerin üzerine gezdirin.

www.ingramcontent.com/pod-product-compliance
Lightning Source LLC
Chambersburg PA
CBHW071421080526
44587CB00014B/1711